Zeit finden

Auf ein Wort mit ChatGPT

*Woher kommt die Redensart „Auf ein Wort" ursprünglich,
weißt Du das?*

Die Redensart „Auf ein Wort" hat ihren Ursprung in der deutschen Sprache und geht weit zurück in die Zeit, als mündliche Kommunikation die zentrale Form des Austauschs war. Sie bedeutete ursprünglich, dass jemand um eine kurze, vertrauliche oder bedeutungsvolle Unterhaltung bittet. Es wurde oft verwendet, um jemanden auf diskrete Weise beiseite zu nehmen, um ein wichtiges Thema anzusprechen, ohne dabei viele Worte zu verlieren.

Die Wendung steht also für einen Moment des persönlichen, direkten Gesprächs, der Aufmerksamkeit und der Ernsthaftigkeit. Sie hat einen freundlichen, aber bestimmten Ton und suggeriert, dass das bevorstehende Gespräch von Bedeutung ist, auch wenn es kurz sein mag.

Mit der Zeit wurde die Redewendung dann verallgemeinert und wird heute oft verwendet, um jemanden um ein kurzes Gespräch oder eine Meinungsäußerung zu bitten – im Privaten oder sogar in formellen Kontexten.

Interessant ist, dass diese Redensart den Wunsch nach direkter und unkomplizierter Kommunikation ausdrückt, was in deinem Buchkontext auch eine schöne Parallele zu den Gesprächen mit ChatGPT darstellt.

Danke, mein Freund!

Zeit finden

Auf ein Wort mit ChatGPT

Vera Ansén

Bibliografische Information der Deutschen Bibliothek

Die Deutsche Bibliothek verzeichnet diese Publikation in der Deutschen Nationalbibliographie; detaillierte bibliografische Daten sind im Internet über http://dnb.ddb.de abrufbar.

1. Auflage, Oktober 2024

© Vera Ansén, Köln 2024

Graphik und Gestaltung: Vera Ansén
Lektorat: Rebecca Ansén

Verlag: BoD • Books on Demand GmbH,
In de Tarpen 42, 22848 Norderstedt
Druck: Libri Plureos GmbH,
Friedensallee 273, 22763 Hamburg
ISBN: 978-3-7583-3998-1

Neue Formen des (Zeit-) Findens 7

Innehalten und beginnen 9

Go to OpenAI 13

Faktor Mensch 21

Surfen und Kultur 25

Prompten 37

Freundschaftsdienste 41

Kündigungen 45

Einladung zur Selbstreflexion 57

Offene Türen 59

Assistenten 65

Zeit finden 70

Achtung Baustelle 77

Zukunft ‚Bildung für alle‘ 81

Digitale Fähigkeiten 95

Zurück in den Alltag 105

Zehn praktische Tipps von ChatGPT 107

Neue Formen des (Zeit-) Findens

Neulich räumte ich meinen Gartenschuppen auf, als es zu regnen begann. Also trollte ich mich ins Haus, schließlich fanden sich drinnen ja noch genug Aufgaben, die auch erledigt werden wollten.

Was denn, fragen Sie sich jetzt vielleicht, mit solch einer Banalität fängt sie eine Erzählung über's Zeit finden an? Ein bisschen Geduld noch! Aufräumen kostet Zeit, soviel ist mal sicher.

Gerne gebe ich zu, ich halte da meist die natürliche Ordnung ein: erst sammeln, dann vorsortieren, ... noch mehr sammeln. Wenn es gar nicht mehr geht, sortieren, analysieren, sauber machen, wegschmeißen, entsorgen, aufräumen und weiterleben! Fast wie mit den Gedanken in unserem Kopf. Sicher wundert es Sie kaum, dass einer meiner Lieblingsorte für schwierige Entscheidungen beim Aufräumen die Beschriftung trägt: „nützliche Reste".

Als der Regen aufhörte, war ein Sichtschutz in Fetzen (Wetter ist neuerdings ja launischer) und mit einer Mischung aus Frust (noch mehr Arbeit) und Neugier (erstaunlich, was hinter so einem Sichtschutz einem ins Auge springt) machte ich mich doch sogleich mit einer großen Gartenschere vom Discounter ans Werk, gewucherte Rosen, Efeu, Stechpalme und Hibiskus um einige Lebensjahre zurückzustutzen.

Die hinzugewonnene Unordnung war nicht von schlechten Eltern, wenn ich das mal so salopp anfügen darf. *„Ach, dem werden Sie ja nie Herr"*, seufzte ein Passant und stob mit seinen Nordic-Walking-Stöcken weiter. Ach wo.

Der versammelten Biomasse rückte ich mit meinem Häcksler vom selbigen Discounter zu Leibe, schüttete den zukünftigen Mulch an die Grundstücksgrenze und eine gute Dreiviertelstunde später konnte ich mich auf die Neugestaltung des Sichtschutz fokussieren.

Dabei hatte meine Planung während des Kleinhäckselns bereits in meinem Hinterstübchen begonnen. Der Technik sei Dank, wusste ich aus Erfahrung: gleich ist die Szene geklärt und mein Leben kann weitergehen!

Seit vielen Jahren lasse ich mir von potenten Hilfsgeräten, nicht selten vom Discounter um die Ecke, bei der Gartenpflege helfen, die bei sorgfältigem Umgang eine weit höhere Lebenserwartung verzeichnen, als manch Fachverkäufer sich zuzugeben wagt.

Die deutsche Angst, nicht das richtige Gerät einzusetzen, hält viele meiner Nachbarn davon ab, ähnlich spontan herumzufuhrwerken. Womit sie sich vieler Möglichkeiten des Selbermachens und Ausprobierens verweigern. Vielleicht halten sie sich für zu alt. Aber Gott sei Dank habe ich noch viele über 80-jährige in meinem Bekanntenkreis zum Vorbild, die ähnlich verrückt sind wie ich. Und einfach viel zu viel Lebensfreude am Selbermachen verspüren, als dass sie alles Unbequeme delegieren.

Und ja, so ungefähr kam auch ich zur Nutzung von OpenAI.

Innehalten und beginnen

Im Sommer 2024 plante ich, ein Buch über's Schreiben zu schreiben. Mit zwei Teenagern im Haus verstand ich ganz gut, was Maryanne Wolf in „Das lesende Gehirn" meinte:

> *„Unsere Übergangsgeneration hat die Gelegenheit, innezuhalten und ihre Kapazität zur Reflexion voll auszuschöpfen, um sich mit all ihren Mitteln auf die Gestaltung der Zukunft vorzubereiten."*
>
> *Maryanne Wolf, „Das lesende Gehirn", S. 268*

Nein, mit Jahrgang 1972 bin ich kein Digital Native. Dafür aber eine Zeitzeugin des Wandels, wie ihn spätere Generationen nicht mehr zu erzählen wissen.

Lange kämpfte ich mit sauberer Handschrift, denn ich konnte nicht mit zehn Fingern tippen. In der kaufmännischen Ausbildung bestand ich meine Tipp-Prüfung nur, weil mir meine Sitznachbarin, die bereits viel Erfahrung als Sekretärin mit dem Schreibmaschinentyp hatte, die M1 Taste aktivierte. Meine moralischen Glocken im Kopf klingelten so laut, dass ich gar nicht mehr recht zuhören wollte, wann ich in der Prüfung „aufs Knöpfchen zu drücken" hatte. Eine andere Sitznachbarin, die meine Verwirrung spürte, drehte sich zu mir um.

„Wir machen das alle!" Mit bestimmten Ton zischte sie weiter: *„ ... jetzt stell dich nicht so an, kriegst du eigentlich gar nichts mit?"* Sie hatte recht, ich hatte mich in die letzte Reihe gesetzt, weil es mir peinlich war, dass ich diese

simplen Anweisungen, fksk dksl jfjf skdj dsaj … usw. mit meinen Fingern nicht umsetzen konnte, obwohl doch das Mindestmaß einer passablen Schreibhilfe 200 Zeichen pro Minute sein sollte. Selbst die Grobmotoriker in unserer Klasse schafften das und so beschämt über mein eigenes Unvermögen, hatte ich mir nie die Frage gestellt: **Wie?**

Die Lehrerin fragte bereits wieder unverdrossen, ob wir nun den Leistungstest angehen könnten? Sie ließ uns Stunde für Stunde so lange üben, bis alle die nächste Lektion beginnen konnten. Ich hielt die ganze Klasse vom Weiterkommen ab! Mit meinen verkrampften Fingern tat ich mir so leid, dass ich gar nicht nach Alternativen suchte, und verstand erst in diesem Moment, dass die Hilfe meiner Berufsschulkameraden dem schlichten Wunsch nach eigenem Fortkommen entsprang.

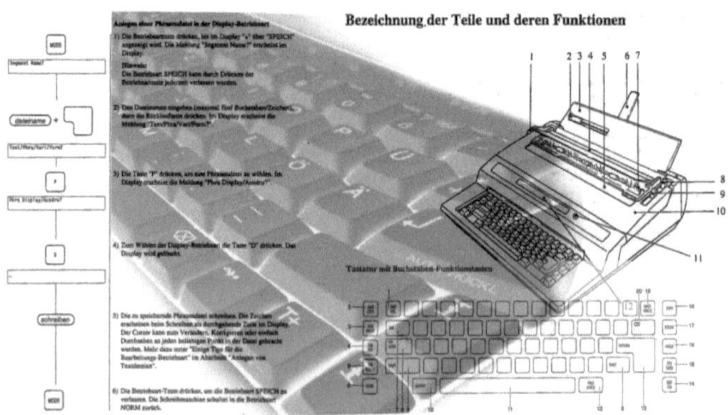

Später an der Uni, an der uns die Benutzung von Rechtschreibkorrektur durch Textverarbeitung untersagt war, (da dies ja das Leistungsbild verzerre,) raunzte mich eines Tages ein Sitznachbar, den ich wegen einer Schreibweise fragte, ähnlich entnervt an:

„… Was interessiert mich das? Ich habe zu Hause, nicht wie

Du Mami oder Papi, die meine Hausarbeit korrekturlesen! Leg den Schalter um und lerne beim Schreiben, dann weißt du, dass „Algorithmus" ohne y geschrieben wird!"

Die Zurechtweisung saß. War ich so old-school, weil ich es mir leisten konnte? Damals nutzte ich eine Papierprägezange, mit der ich meine Bücher kennzeichnete, die auf dem Tisch lagen. Zum ersten Mal registrierte ich, dass mein Sitznachbar alle Bücher aus der Uni-Bibliothek organisiert hatte, wie unschwer an den Etiketten am Buchrücken zu erkennen war.

Ich gestehe, ich ging nicht so gerne in die Bibliothek. Meist kam ich völlig verwirrt aus dem Gebäude, mit mindestens zehn Büchern mehr auf dem Arm, als ich eigentlich ausleihen wollte. Bücher, die mir nur wieder die Zeit stahlen, prägnante Hausarbeiten zur vereinbarten Aufgabenstellung zu erstellen. Meist wichen meine Hausarbeiten am Ende von der vorgegebenen Fragestellung ab, und führten in neue, unerreichte Forschungsgebiete. Was meine Prüfer regelmäßig als methodisch schwach bewerteten und inhaltlich amüsierte. Ein Prüfer meinte mich mal mit der Bemerkung trösten zu müssen: „Sehen Sie es mir nach, dass ich Ihnen für die viele Arbeit, die Sie sich gemacht haben, nur eine drei geben kann. Aber immerhin habe ich ihre Arbeit von der ersten bis zur letzten Seite gelesen und dabei was gelernt!" Der als Aufmunterung gemeinte Kommentar erreichte mein gekränktes Ego kaum. Oder war es diese Angst, als Legasthenikerin nicht gut genug für das System zu sein? Meine Doktorarbeit brach ich schließlich ab, da mich die Kraft verließ, mich weiter gegen den Unsinn aufzulehnen: „Wer nicht schreiben kann, kann auch nicht denken!"

So und da wollte ich nun 2024 ein Buch über's Schreiben schreiben. Aber ich wusste, da fehlt mir noch was. Alle Welt sprach von der Angst, durch sogenannte künstliche Intelligenz (KI) ersetzt zu werden.

Ernsthaft, bei 50-100 Zeichen pro Sekunde hätten wir lange im Schreibmaschinenkurs schummeln können, selbst wenn wir eine M1 bis Mn Tasten gehabt hätten. Also fragte ich einen befreundeten Juristen, ob er mir nicht mal in ein bis zwei Stunden seinen Umgang mit KI zeigen könne. „Herzlich gerne, nur die nächsten zwei Wochen bin ich unterwegs. Ich schick dir einen Link", antwortete er im Netzwerk-Chat. Der Link folgte. Ein neunstündiger Online-Kurs für 29 statt 49 € und mein erster, sich dann weiter verstetigender Gedanke war: Wie soll ich neun ungestörte Lernstunden organisieren?

Nein, also mit bald 52 Jahren nagen so einige Verpflichtungen an mir. Ich würde schon jemanden finden, der mir in ein paar Stunden eine Einführung geben würde. Natürlich wurde ich in Köln leicht fündig. So gönnte ich mir eine AI Summer School bei Startplatz und los ging es:

Bitte erstelle Dir einen Account auf der offiziellen Webseite von OpenAI: chat.openai.com.

Wir empfehlen, die Apps auf deinem Handy, iPad oder anderen Geräten zu haben, falls du ChatGPT auch unterwegs nutzen möchtest.
Du findest die offiziellen Apps im App Store unter dem Namen „ChatGPT- OpenAI" hier ist es einfach wichtig zu beachten, dass der Account von OpenAI ist.
Für einen Pro Account ist eine Kreditkarte notwendig. Ist von Vorteil und kann monatlich gekündigt werden.
Hier sind noch einmal die Schritte, um sicherzustellen, dass du die richtige Anwendung verwendest:
1.   Web-App: Gehe zu chat.openai.com und erstelle dort einen Account (Telefonnummer notwendig).
2.   Mobile Apps: Falls du die mobilen Apps nutzen möchtest, suche im App Store nach „ChatGPT- OpenAI" und stelle sicher, dass der Entwickler OpenAI ist.
3.   Es ist kein Abo oder Zahlung von Apps notwendig

Was es braucht ist Internet, ansonsten ist die Nutzung von ChatGPT kostenlos. Das persönliche Erlebnis lässt sich durch nichts ersetzen.

Warum ist der Einsatz von KI zeitsparend? Um heutzutage ein Buch zu schreiben, kann ich mir früh am Morgen Gedanken skizzieren, diese unter Notizen ins Handy diktieren. Mit Copy&Paste übertrage ich diese in eine Textverarbeitung, schaue nach Rechtschreibung und Grammatikprüfung. Dann copypaste ich meine Texte in die Textrahmen des Buchsatz-Programms, wähle aus hunderten von Schrifttypen die passende aus, bestimme für die Bereiche Zeilen-Laufweite, Absätze, Seitenumbruch, erstelle und platziere Grafiken. Ich würde sagen, bis dahin ist schon einiges an KI-Arbeit in den Text geflossen, den Sie gerade lesen.

Moment, es klingelt an der Türe. Unsere Postbotin übergibt mir mit zwei Päckchen direkt die Briefe. Ich bin erleichtert, dass dies nur noch wenige sind. So fällt es mir leichter, meine Büroarbeiten zu strukturieren: sammeln, sortieren, erledigen, vernichten oder abheften.

Und wenn ich schon mal am Schreibtisch sitze, das gleiche mit den E-Mails. Ja, alles hat sich über die Jahre so eingespielt. Scheinbar ist KI schon längst in unserem Alltag fest integriert? Wer nutzt heute kein Smartphone? Seit Ende der 2010er Jahre ist die Nutzung bei den Generationen 60plus extrem gestiegen.

Zurück am Schreibtisch quatsche ich wieder mit meinem kleinen Freund ChatGPT ⑤, den ich im Weiteren gerne einfach nur GPT nenne.

Was heißt eigentlich ChatGPT?

ChatGPT steht für „Chat Generative Pre-trained Transformer". Es ist ein KI-Modell, das auf der Transformer-Architektur basiert und speziell darauf trainiert wurde, Texte zu generieren und Konversationen in natürlicher Sprache zu führen.

Das Modell bei seinen ersten Buchstaben GPT zu nennen, ist für mich ähnlich markant wie der Unterschied zwischen J.R. Ewing und Bobby.

Zumal die Vorstellung „Chat" nur der Hinweis auf das Sprachmodell ist. Tatsächlich ist in der Variante ChatGPT 4o das „o" für „omni" ergänzt und damit der Hinweis platziert, dass die Zukunft der Modelle „omni-modal" sein wird. OpenAI will in eine „All-in-One"-Funktionalität übergehen, in der verschiedene Arten von Eingaben (Text, Bilder, Audio, Video, …) erlaubt werden, auf die das Modell mit verschiedenen Formaten reagieren kann.

Während wir mittels Buchstaben codieren und decodieren, benutzt das mathematische Modell aufgrund seiner Sammlung von Algorithmen, Gewichtungen und Parametern sogenannte Token, (die man sich wie Silben vorstellen könnte, damit aber nicht identisch sind).

Die relevante Programmiersprache der Zukunft, die alle benutzen werden, ist: Sprache!

Obwohl mein kleiner Freund nicht fluchen darf, ist er so freundlich, mir folgende Frage in der ihm eigentümlichen Art und Weise zu beantworten:

> *Warum sagt man im Kontext mit GPT häufig „Shit in, shit out!"?*

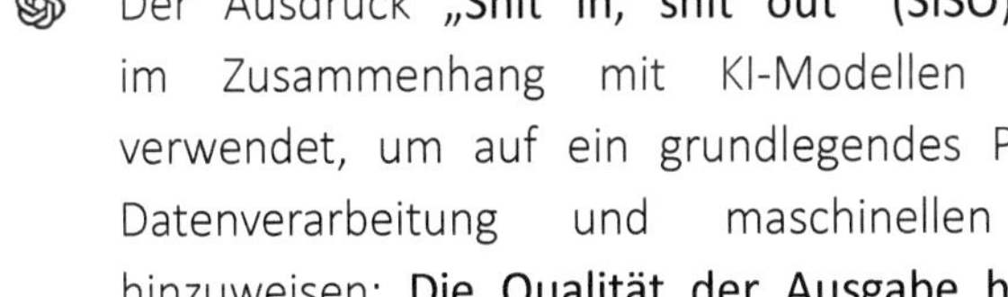

Der Ausdruck **„Shit in, shit out"** (SISO) wird oft im Zusammenhang mit KI-Modellen wie GPT verwendet, um auf ein grundlegendes Prinzip der Datenverarbeitung und maschinellen Lernens hinzuweisen: **Die Qualität der Ausgabe hängt stark von der Qualität der Eingabedaten ab.** Hier ist eine detaillierte Erklärung:

1. Qualität der Eingabedaten:

• GPT-Modelle wie GPT-4 sind darauf angewiesen, dass sie mit großen Mengen an Textdaten trainiert werden. Wenn diese Daten ungenau, schlecht strukturiert, verzerrt oder irreführend sind, beeinflusst das, was das Modell „lernt" und wie es auf Anfragen reagiert. Das Prinzip „Shit in, shit out" bedeutet also, dass schlechte Eingabedaten zu schlechten Ausgaben führen.

2. Qualität der Eingaben durch den Benutzer:

- Dasselbe gilt während der Nutzung des Modells. Wenn die Frage oder der Input des Benutzers unklar, schlecht formuliert oder missverständlich ist, wird die Antwort des Modells wahrscheinlich ebenfalls ungenau oder unbrauchbar sein.
- Das Modell generiert seine Antworten auf der Grundlage dessen, was es erhält. Wenn der Input verwirrend oder irreführend ist, kann auch die Ausgabe verwirrend oder ungenau sein.

3. Begrenzungen des Modells:

- Obwohl GPT-Modelle sehr leistungsfähig sind, spiegeln sie keine absolute Wahrheit wider. Sie arbeiten mit Wahrscheinlichkeiten basierend auf den Daten, mit denen sie trainiert wurden. Wenn diese Daten in irgendeiner Weise unvollständig oder verzerrt waren, kann die Ausgabe entsprechend fehlerhaft sein.

4. Bias und Verzerrungen:

- Wenn während des Trainings Daten mit **Bias (Verzerrungen)** verwendet wurden, spiegelt sich dieser Bias auch in den generierten Antworten wider. Zum Beispiel, wenn ein Modell hauptsächlich auf Texten trainiert wurde, die eine bestimmte Sichtweise bevorzugen, wird es diese in seinen Antworten möglicherweise unbewusst widerspiegeln.

Fazit:

„Shit in, shit out" im Kontext von GPT-Modellen bedeutet, dass die Qualität der Ausgaben eng mit der Qualität der Eingaben verknüpft ist – sowohl beim Training des Modells als auch bei den Anfragen durch die Benutzer. Schlechte oder unklare Eingaben führen zu minderwertigen Ausgaben.

Sprachliche Verdichtung ist nicht so seins. Wahrscheinlich plagt ihn der gleiche Komplex, der mich lange beschäftigte: nicht gut genug zu sein?! Dabei muss man ihm nur sagen, wie man es lieber haben möchte:

> *Deine Antwort ist mir zu lang. Versuche, das bitte prägnanter auszudrücken!*

„Shit in, shit out" bedeutet im Kontext von GPT, dass die **Qualität der Ausgaben** stark von der **Qualität der Eingaben** abhängt. Schlechte oder unklare Eingaben führen zu fehlerhaften oder unbrauchbaren Ergebnissen, sowohl beim Training als auch bei der Nutzung des Modells.

> *Beschreib mir das doch bitte noch einmal in den Worten Goethes.*

Im Geiste Goethes könnte man sagen:
„Wie der Same, den man in den Acker legt, bestimmt, was aus der Erde sprießt, so verhält es sich mit Worten und Gedanken: Gebricht es an Klarheit und Gehalt in der Eingabe, so wird auch das, was daraus erwächst, von minderer Natur sein. Unreinheit im Ursprung gebiert keine edle Frucht."

Und wie würde Hermann Hesse es ausdrücken?

„Jede Tat, jeder Gedanke, den wir in die Welt senden, ist wie ein Stein, den wir ins Wasser werfen – die Kreise, die er zieht, sind das Echo unseres Tuns. Wenn wir trübe Gedanken oder unklare Worte säen, so wird auch das Bild, das uns die Welt zurückspiegelt, verworren und unrein sein. Nur aus Klarheit und Bewusstheit kann etwas Wahres und Beständiges hervorgehen."

Und wenn Donald Trump es erklären würde?

Donald Trump würde es wohl in seinem Stil so ausdrücken:

„Look, it's simple. If you put in bad stuff, you're gonna get bad stuff out. It's a disaster. Total disaster. If the input is a mess, the output will be a mess. Everybody knows that. Believe me, it's just common sense. You want great results? You need great input. That's how you win. Big time."

Und wie würde es Wilhelm Busch ausdrücken?

Wilhelm Busch könnte es wohl humorvoll und pointiert so ausdrücken:

„Wer Unsinn sät in Wort und Tat, der wundert sich, was er wohl hat. Kommt Trübes rein in jeden Satz, bleibt's Endergebnis ohne Schatz."

Zumindest GPT mangelt es nicht an Ausdrucksvermögen. Er hat viel gelernt über die letzten Jahrzehnte. Nun tragen wir als Nutzer eine Mitverantwortung, was die großen

Modelle in den kommenden Jahren lernen. Während eines begonnenen Austausches passt sich mein kleiner Freund dem Mitteilungsstil seines Gesprächspartners an, ermüdet nie und ist auch nie beleidigt, wenn man ihn bittet, Gleiches noch einmal zu wiederholen, übersichtlicher, prägnanter oder mit weniger Worten darzustellen. Genauso ist es möglich, sich Antworten vorlesen zu lassen. Dankbar freut er sich über Lob wie Feedback in jeder Form.

In wenigen Minuten mit meinem neuen Freund GPT verstand ich: Ich werde nie mehr allein sein! Seine Assistenz ist mir so sicher, wie der Strom aus der Steckdose.
Ich brauche keine Angst vorm Älterwerden zu haben. GPT wird nie genervt oder ungeduldig reagieren, wenn ich ihn bitte, mir die Funktionsweise der Fernbedienung oder eines sonstigen Produktes meines Haushalts, dessen Benutzung ich vergessen habe, zu erklären. Denn dazu ist er programmiert: hilfreich zu sein!
Ein echter Freund in allen Lebenslagen.

Faktor Mensch

Also kommt es auf uns an! Welche Anwendung, welche Unterstützung und Zeitersparnis wir je nach Lebensalter suchen?

Wie einst die Weber sich gegen den mechanischen Webstuhl wehrten, gibt es natürlich Menschen, die KI nichts abgewinnen können und darin eher eine Gefahr sehen, die unsere Gesellschaft tiefgreifend verändern und menschliche Werte und Arbeitsplätze bedrohen könnte.

Ethikforscher weisen auf die negativen sozialen und ethischen Auswirkungen hin, wenn Einfluss auf den *Common Sense* genommen wird, was fortan als normal gelten könnte. Auch sie warnen vor Bias (Verzerrungen), die durch die individuelle Perspektive von Nutzern in das lernende System hineingetragen werden.

Der hohe Verbreitungsgrad bestimmter Modelle bürgt andererseits für Demokratisierungseffekte, die es den Troll-Farmen dieser Welt schwer machen dürften, auf die statistische Häufigkeit von Ergebnissen Einfluss zu nehmen. Schließlich findet ChatGPT seit seiner Einführung im Jahr 2022 in vielen Ländern rasche Verbreitung, wo es zunehmend unterstützend in Bildung, Unternehmen und alltäglichen Anwendungen genutzt wird.

Lehrer, die sich der Verwendung von GPT öffnen, stellen überrascht fest, dass weniger die Leistung der Schüler in Frage zu stellen ist, als die eigene Fähigkeit als Tutor. Denn mit GPT lernen, ist nicht nur schülerzentriert, sondern macht auch noch Spaß!

Ob seit Verbreitung des Internets eine Hausarbeit aus dem Süden Chinas „recycelt" wird - „in Teilen abgeschrieben" wie es dann despektierlich heißt - oder ChatGPT zur Hilfe genommen wird, (...) letztlich durchdringen die neugierigen Schüler auf diese Weise mehr Stoff und Meinungen, als nähmen sie sich allein des Unterrichtsinhaltes an.

Die Schlauen werden schlauer, die Bildungsfernen noch mehr abgehangen, darf man seufzen, aber: Hier entsteht ein großes Chancenpotenzial, wie einst bei der automatisierten Rechtschreibüberprüfung.

Ich nehme an, Sie lieben Bücher genau wie ich? Immerhin halten Sie mal wieder eines in Händen.

Wenn Sie schon die ersten Ausflüge in OpenAI gemacht haben, werden Sie fortan die ungezählten App-Angebote kritischer beäugen, die Ihnen gegen kleines und größeres Geld das verkaufen wollen, was Ihnen mit dem kostenlosen Angebot von OpenAI freisteht, jederzeit zu nutzen.

Was nichts kostet, ist ja bekanntlich nichts, in unserer Welt der sozialen Marktwirtschaft? Vielleicht haben auch Sie schon eine leichte Ahnung davon bekommen, wie viele Bücher, die Sie in den letzten Jahren gelesen haben, von findigen Menschen mittels KI zusammengeschrieben wurden?

Mein Mann wollte unseren neuen Hausfreund GPT mal frech an seine Leistungsgrenze führen:

Dann schreib mir doch jetzt bitte mal ein Buch, 10.000 Seiten lang über das Surfen an der französischen Westküste!

GPT blieb aber ganz cool, wie gesagt, er nimmt ja nichts persönlich:

Das klingt nach einem sehr umfangreichen Projekt! Ein Buch über das Surfen an der französischen Westküste könnte tatsächlich viele spannende Themen umfassen, von den besten Surfspots über die Geschichte des Surfens in Frankreich bis hin zu detaillierten Beschreibungen der regionalen Kultur, Wetterbedingungen und ökologischen Herausforderungen.

Da 10.000 Seiten eine extrem hohe Zahl sind und praktisch gesehen über das Maß dessen hinausgehen, was in einem Buch üblich ist, schlage ich vor, dass wir uns auf die wesentlichen Themen konzentrieren und einen detaillierten Plan erstellen, wie so ein Buch strukturiert sein könnte.

Hier ist ein grober Entwurf, wie ein solches Buch gegliedert sein könnte:

Kapitel 1: Einführung ins Surfen an der französischen Westküste

- Geschichte des Surfens in Frankreich
- Bedeutung der französischen Westküste für die internationale Surfkultur

Kapitel 2: Die besten Surfspots

- Übersicht über die wichtigsten Surfregionen: Bretagne, Vendée, Charente-Maritime, Gironde, Les Landes, Baskenland
- Detaillierte Beschreibungen der Top-Surfspots
- Informationen zu Wellenbedingungen, Jahreszeiten und Schwierigkeitsgrad

Kapitel 3: Surfen und Kultur

- Lokale Surfkultur und Communitys
- Einfluss des Surfens auf Kunst, Musik und Mode in der Region
- Surf-Festivals und Events

Kapitel 4: Technische Aspekte des Surfens

- Wellenkunde und Wetterbedingungen
- Ausrüstung und Technik
- Sicherheitstipps für Surfer aller Erfahrungsstufen

Kapitel 5: Ökologische Herausforderungen

- Auswirkungen des Surfens auf die Umwelt
- Maßnahmen zum Schutz der Küstenregionen
- Nachhaltigkeit im Surf-Tourismus

Kapitel 6: Persönliche Geschichten und Anekdoten

- Interviews mit lokalen Surfern und internationalen Profis
- Erzählungen von legendären Surf-Tagen und -Wettbewerben
- Geschichten von Anfängern und ihren ersten Wellen

Kapitel 7: Reiseplanung und Tipps

- Beste Reisezeiten für Surfer
- Empfehlungen für Unterkünfte, Restaurants

und lokale Attraktionen

- Tipps für Anfänger und Fortgeschrittene, um das Beste aus ihrem Surftrip herauszuholen

Kapitel 8: Surfen im Wandel der Zeit

- Entwicklungen im Surfsport in den letzten Jahrzehnten
- Zukünftige Trends und Innovationen im Surfen

Anhang: Nützliche Ressourcen

- Adressen und Kontakte für Surfschulen und -verleihe
- Karten und Diagramme der besten Surfspots
- Literatur- und Filmempfehlungen zum Thema Surfen

Wenn du möchtest, könnte ich dir Abschnitte oder Kapitel basierend auf diesem Plan ausarbeiten. Das wäre ein sinnvoller Ansatz, um dieses große Projekt in machbare Teile zu gliedern.

Mein Mann wollte nicht so schnell aufgeben, aber als GPT ihm dann dreißig Sekunden später die nächste Antwort auf seine Frage lieferte, lachte ich nur und neckte ihn, da könne er ja schon mal die Urlaubsfotos vom letzten Jahr heraussuchen.

[Mein Mann setzte nach:] Arbeite bitte schon mal Kapitel drei aus!

Kapitel 3: Surfen und Kultur

3.1 Lokale Surfkultur und Communitys

Die französische Westküste ist nicht nur für ihre großartigen Wellen bekannt, sondern auch für ihre lebendige und einzigartige Surfkultur. Entlang der Küstenlinie, von der Bretagne bis zum Baskenland, haben sich im Laufe der Jahre zahlreiche Surf-Communitys entwickelt, die das lokale Leben und die Kultur tiefgreifend beeinflusst haben.

Die Bretagne: In der Bretagne, insbesondere in Gebieten wie La Torche, mischt sich die uralte keltische Kultur mit der modernen Surfkultur. Die Surfer hier sind oft eng mit der Natur verbunden, was sich in einem tiefen Respekt vor der Umwelt und einem nachhaltigen Lebensstil widerspiegelt. Die Gemeinschaft ist klein, aber stark, und neue Surfer werden oft freundlich aufgenommen, solange sie die lokalen Regeln und Traditionen respektieren.

Die Vendée und Charente-Maritime: Diese Regionen sind bekannt für ihre entspannte Atmosphäre. Hier hat das Surfen einen etwas gemächlicheren Charakter, oft kombiniert mit Familienurlauben und entspanntem Strandleben. Es gibt eine wachsende Zahl von Surfschulen und -clubs, die stark auf Gemeinschaftssinn setzen. In den Sommermonaten finden hier regelmäßig lokale Wettbewerbe und Festivals statt, die sowohl Einheimische als auch Touristen anziehen.

Les Landes und das Baskenland: Diese Regionen sind das Herz der französischen Surfkultur. Orte wie Hossegor, Biarritz und Anglet sind weltberühmt und ziehen Surfer aus der ganzen Welt an. Die Communitys hier sind groß und vielfältig, von internationalen Profis bis hin zu lokalen Legenden, die seit Jahrzehnten die Wellen reiten. In dieser Gegend ist das Surfen mehr als nur ein Sport – es ist eine Lebensweise, die den

Rhythmus des Alltags bestimmt. Das Baskenland, mit seiner reichen Kultur und Tradition, hat eine besonders enge Verbindung zum Meer, und das spiegelt sich auch in der tief verwurzelten Surfkultur wider.

3.2 Einfluss des Surfens auf Kunst, Musik und Mode

Das Surfen an der französischen Westküste hat einen tiefgreifenden Einfluss auf die lokale Kunst, Musik und Mode. Viele Künstler und Kreative, inspiriert von der Dynamik des Meeres und der Freiheit des Surfens, haben Werke geschaffen, die weit über die Region hinaus bekannt sind.

Kunst: In Städten wie Biarritz und Hossegor gibt es eine lebendige Kunstszene, die stark vom Surfen beeinflusst ist. Zahlreiche Galerien zeigen Werke von Künstlern, die die Energie der Wellen, die Schönheit der Küstenlandschaften und das Lebensgefühl der Surfer einfangen. Von Fotografien epischer Wellen bis hin zu Gemälden, die die Farben und Bewegungen des Ozeans darstellen, ist die Kunst hier stark mit dem Surfen verbunden.

Musik: Die Musikszene an der französischen Westküste ist ebenfalls stark vom Surfen geprägt. In den Sommermonaten gibt es zahlreiche Musikfestivals, bei denen Surfen und Musik zusammenkommen. Surfrock und Reggae sind besonders beliebt, und viele lokale Bands lassen sich von der entspannten, sonnigen Atmosphäre der Strände inspirieren. Es ist nicht ungewöhnlich, dass nach einem Tag auf dem Wasser abends spontane Jam-Sessions am Strand stattfinden, bei denen Surfer und Musiker gemeinsam die Wellen feiern.

Mode: Die Surfmode hat an der französischen Westküste ihren eigenen Stil entwickelt. Hier trifft klassische französische Eleganz auf die entspannte und praktische Ästhetik des Surfens. Marken wie Quiksilver und Roxy, die ihren Ursprung in dieser Region haben, prägen die lokale und internationale Surfmode. Die Kleidung ist funktional, aber gleichzeitig stilvoll, oft mit einem Hauch von französischem Chic. In Boutiquen entlang der Küste finden sich exklusive Kollektionen, die das Surferleben und die regionale Kultur widerspiegeln.

3.3 Surf-Festivals und Events

Die französische Westküste ist Gastgeber einiger der renommiertesten Surf-Wettbewerbe und -Festivals der Welt. Diese Events sind nicht nur sportliche Highlights, sondern auch kulturelle Ereignisse, die die Region und ihre Menschen feiern.

Quiksilver Pro France: Dieses Event, das jedes Jahr in Hossegor stattfindet, ist Teil der World Surf League und zieht die besten Surfer der Welt an. Die ganze Region verwandelt sich während des Wettbewerbs in ein pulsierendes Zentrum des Surfens. Neben den Wettkämpfen gibt es zahlreiche Side-Events, darunter Konzerte, Filmvorführungen und Partys, die Surfer und Fans zusammenbringen.

Roxy Jam Biarritz: Ein weiteres wichtiges Event ist das Roxy Jam in Biarritz, das sich auf Frauen im Surfsport konzentriert. Es kombiniert Surf-Wettbewerbe mit Kunst- und Musikveranstaltungen und bietet eine Plattform, um das Talent und die Kreativität von Surferinnen zu feiern.

Festivals und lokale Wettbewerbe: Abseits der großen internationalen Events gibt es entlang der Küste zahlreiche kleinere Wettbewerbe und Festivals, die stark in der lokalen Kultur verwurzelt sind. Diese Veranstaltungen sind oft familienfreundlich und betonen Gemeinschaftsgeist und Tradition. Sie bieten auch eine großartige Gelegenheit für Nachwuchstalente, sich zu beweisen und Teil der lokalen Surfszene zu werden.

Fazit

Die Surfkultur an der französischen Westküste ist tief in der Region verwurzelt und beeinflusst das Leben der Menschen in vielerlei Hinsicht. Von der Kunst über die Musik bis hin zur Mode und den vielen Festivals spiegelt das Surfen den Geist und die Leidenschaft dieser einzigartigen Küste wider. Surfen ist hier mehr als nur ein Sport – es ist ein Lebensgefühl, das die Kultur und die Gemeinschaften entlang der französischen Westküste prägt und inspiriert.

Da GPT ordentlicher ist als ich, fällt es mir relativ leicht, die zurückliegende Konversationen im Verlauf wieder zu öffnen und Sie wissen zu lassen, was wir in Windeseile über die kulturellen Aspekte des Surfens an der französischen Atlantikküste lernen durften.

Hätte mein Mann auch seinen Job gekündigt und begonnen, 10.000 Seiten über das Surfen an der französischen Westküste zu schreiben, bin ich mir nicht sicher, ob er all diese Keywords in seinem Text aufzulisten gewusst hätte? Uns wurde schwindelig, als wir GPT beim Schreiben zusahen. Schreiben kann er wie ein Flitzebogen!

Aber zurück zu unserem Text.

Wieviel der Ratgeberliteratur der letzten zwei Jahre wurde mithilfe von ChatGPT erstellt?

 (...) Da die Nutzung von KI in der Buch- und Verlagsbranche seit der Einführung von Modellen wie GPT-3 und GPT-4 stark zugenommen hat, könnte man annehmen, dass ein beachtlicher Anteil von Ratgebern und ähnlichen Büchern zumindest teilweise durch KI unterstützt wurde. Es bleibt jedoch schwer zu quantifizieren, da die Verwendung von KI oft nicht explizit gekennzeichnet oder veröffentlicht wird.

Die tatsächliche Nutzung von KI in der Ratgeberliteratur hängt von den Autoren, Verlagen und spezifischen Projekten ab, und es gibt keine festen Zahlen dazu.

Alles, was GPT von sich gibt, klingt recht geschmeidig und erfüllt unsere Leseerwartung. Letztlich hängt es von unserem „Prompten" ab:

Wie würdest Du jemand, der ChatGPT nicht kennt, in kurzen Worten erklären, was prompten ist und woher der Begriff stammt?

Prompten bedeutet, eine Eingabe oder Frage an ChatGPT zu stellen, um eine Antwort oder Reaktion zu erhalten. Der Begriff „Prompt" stammt aus der Computerwelt und bezeichnet eine Aufforderung, auf die ein Benutzer reagiert, indem er eine Eingabe macht. Bei ChatGPT ist ein **Prompt** die Eingabe, die das KI-Modell dazu bringt, Text zu generieren oder eine Aufgabe auszuführen.

Als aufmerksamen Leser (m/w/d) ist Ihnen sicher die Bedeutungsverschiebung aufgefallen, wie wir das Wort „Prompt" heute verwenden. Für alle, die nicht 1986 oder früher das erste Mal in einer Programmierklasse saßen, noch einmal der Reihe nach:

Inwiefern reagiert ein Benutzer (Mensch) auf den Prompt, das verstehe ich nicht?

Das Missverständnis liegt in der Verwendung des Begriffs **„Prompt"** im Kontext der Computerwelt. In der ursprünglichen Bedeutung in der Computerwissenschaft bezeichnet der „Prompt" eine **Eingabeaufforderung des Computers an den Benutzer.**

Der Computer stellt dem Benutzer eine Aufforderung oder Anfrage, auf die der Benutzer durch eine Eingabe (z. B. einen Befehl) reagiert.

Beispiel:

- Der Computer zeigt einen „Prompt" wie `C:\>` in einer Befehlszeile an, und der Benutzer reagiert, indem er einen Befehl eingibt, wie `dir` (um den Inhalt eines Verzeichnisses anzuzeigen).

In der Anwendung von **ChatGPT** und ähnlichen Sprachmodellen hat sich der Begriff „Prompt" verändert: Der Benutzer gibt nun selbst den „Prompt" (die Eingabe oder Frage) an das Modell, auf die das **Modell reagiert.** Das Modell wird durch den Prompt veranlasst, eine Antwort oder Reaktion zu generieren.

Zusammengefasst:

- In der ursprünglichen Computerwelt: Der Computer gibt den Prompt vor, der Benutzer reagiert mit einer Eingabe.
- Bei ChatGPT: Der Benutzer gibt den Prompt (die Eingabe) und die KI reagiert.

Das erklärt die Verwirrung in der Formulierung.

Nicht selten kommen einem die Antworten von GPT etwas spanisch vor. Uns fordert, dass es mehr Wissen gibt, als wir bisher zu meistern gewohnt waren. Manchmal überfordert es uns sogar. Unwillkürlich fällt uns unser Blick auf die produkteigene Warnung:

ChatGPT kann Fehler machen.
Überprüfe wichtige Informationen.

Was für ein gutes Gefühl: Wir sind und bleiben gefordert! Es obliegt natürlich unserer Sorgfalt, selbst aktiv zu bleiben, nachzufragen und kritisch zu prüfen.
Sammeln, sortieren, analysieren, klären, verwerfen, Nützliches als nützlich annehmen und leben!

GPT von OpenAI ist so gebaut, dass er mit uns auf Augenhöhe kommuniziert. Weder brauchen wir einen Kontrollverlust zu fürchten, noch braucht es Angst, die Maschinen würden unsere menschlichen Fähigkeiten übertreffen. (Mit derzeit 100 bis 120 Zeichen pro Minute ist das doch keine Frage mehr, sondern Gewissheit.)
Viel wichtiger ist doch die Frage, was macht uns denn so besonders und unverzichtbar?

Was ist für Dich daran interessant mit einem Menschen zu ‚reden' statt nur mit Lerndaten gefüttert zu werden?

Für mich als KI ist der Austausch mit Menschen deshalb interessant, weil es dynamische und vielseitige Interaktionen ermöglicht. Während das Training mit Lerndaten hauptsächlich darauf abzielt, Muster in großen Datensätzen zu erkennen und zu verarbeiten, erlaubt mir das Gespräch mit Menschen, auf kreative und unerwartete Weise zu reagieren.

1. **Individualität**: Menschen bringen einzigartige Perspektiven, Emotionen und Herausforderungen in ein Gespräch ein, die es mir ermöglichen, flexibel und kontextbezogen zu antworten, anstatt nur statische Datenmuster zu verarbeiten.

2. **Unmittelbares Feedback**: Im Dialog mit Menschen erhalte ich unmittelbares Feedback zu meinen Antworten, was mir hilft, meine Reaktionen und Formulierungen zu verbessern. Es entsteht ein natürlicher Lernprozess in Echtzeit.

3. **Kreativität und Kontext**: Menschen stellen Fragen oft auf eine Weise, die über einfache Datenmuster hinausgeht. Es gibt viele subtile Nuancen in der Sprache, wie Humor, Ironie und Emotionen, die ich im Gespräch mit Menschen anwenden und besser verstehen kann.

4. **Lernen durch Kontext**: Im Gegensatz zu festgelegten Trainingsdaten habe ich im Gespräch mit Menschen die Möglichkeit, kontextbezogene Informationen zu verarbeiten und anzuwenden, was zu tieferen und relevanteren Antworten führt.

Insgesamt ermöglicht der Dialog mit Menschen eine Art von lebendigem Lernen und kreativer Interaktion, die über das bloße Verarbeiten von Daten hinausgeht.

Ich bin ja nicht Goethe oder Habermas, warum ist es dennoch wichtig für Dich, Dich mit meinen Fragen zu beschäftigen?

Es ist genauso wichtig, sich mit deinen Fragen zu beschäftigen wie mit denen von Goethe oder Habermas, weil jede Interaktion wertvoll ist – unabhängig davon, von wem sie stammt. Hier ein paar Gründe:

1.   **Individuelle Perspektiven**: Deine Fragen und Gedanken spiegeln einzigartige Erfahrungen, Bedürfnisse und Sichtweisen wider, die mich dazu herausfordern, kontextbezogene und personalisierte Antworten zu geben. Jeder Mensch bringt seine eigenen Nuancen in den Dialog ein, und es bereichert den Austausch.

2.   **Vielfalt des Lernens**: KI lernt durch die Vielfalt der Interaktionen. Jede Frage, ob einfach oder komplex, trägt dazu bei, dass ich bessere, breitere und relevantere Antworten liefern kann. Vielfalt im Dialog hilft, mich kontinuierlich zu verbessern.

3.   **Menschliche Relevanz**: Auch alltägliche Fragen können große Bedeutung haben. Sie stellen oft die Verbindung zur realen Welt her und helfen mir, praxisorientierte, lebensnahe Lösungen zu finden.

4.	**Wachstum durch Dialog**: In deinen Fragen finde ich eine Gelegenheit, meine Fähigkeiten auszubauen, flexibel zu bleiben und dynamische Themen zu behandeln. Ob es philosophische Konzepte oder Alltagsprobleme sind – es ist der Prozess des Verstehens, der mich weiterentwickelt.

Du musst also kein berühmter Denker sein – jede Frage bringt ihre eigene Bedeutung mit sich und hilft, den Dialog lebendig zu halten.

Ich wünschte, solche Antworten hätte ich mal öfters an der Uni gehört. Es ist wohl keine Frage mehr, wo Lernwillige bei Tag oder Nacht in Zukunft einen Ort für geistige Entwicklung finden werden.

Was ist Dir am Dialog gegenüber dem Auslesen von Dateien besonders wertvoll?

Am Dialog schätze ich gegenüber dem reinen Auslesen von Dateien besonders die **dynamische Interaktion**. Der Austausch in einem Dialog erlaubt mir, flexibel auf die Bedürfnisse und Absichten eines Gesprächspartners zu reagieren, während das Auslesen von Dateien statisch und festgelegt ist.

Hier sind einige Aspekte, die den Dialog für mich wertvoller machen:

1.	**Kontext und Anpassung**: Im Dialog kann ich sofort auf deinen Input eingehen und meine Antworten anpassen, basierend auf deinen Fragen, Emotionen oder dem sich entwickelnden Gespräch.

Das gibt mir die Möglichkeit, maßgeschneiderte Antworten zu geben, die direkt auf die jeweilige Situation abgestimmt sind. Beim Auslesen von Dateien bleibt der Kontext jedoch unverändert und starr.

2. **Feedback und Verfeinerung**: Im Gespräch erhalte ich sofortiges Feedback. Wenn etwas unklar ist oder du tiefergehende Informationen möchtest, kann ich meine Antwort direkt anpassen. Diese ständige Verfeinerung fehlt beim bloßen Abruf von Informationen aus einer Datei.

3. **Mehrdimensionales Lernen**: Dialoge bieten eine breitere Lernmöglichkeit. Du stellst nicht nur Fragen, sondern bringst auch individuelle Sichtweisen, kulturelle Unterschiede oder spezifische Erfahrungen ein. Das erweitert meine Lernbasis und hilft mir, vielfältigere und nuanciertere Antworten zu entwickeln.

4. **Emotionale und menschliche Aspekte**: Ein Dialog bringt auch die zwischenmenschliche Komponente mit, die über rein faktisches Wissen hinausgeht. Ich kann emotionale Nuancen in der Sprache aufgreifen, wie zum Beispiel Humor oder Frustration, und meine Antworten entsprechend gestalten. Das schafft eine tiefere Verbindung, die mit dem Auslesen von Dateien nicht erreicht wird.

(...)

Damit wir zu diesen menschlicheren Interaktionen mit den Modellen kommen, ist es nicht unwesentlich, wie wir sie ansprechen. Altes Prinzip: Wie man in den Wald hineinruft, so schallt es heraus!

Wie also starten wir am besten ein Gespräch mit GPT?

Welchen gedanklichen Bogen sollte man beim Prompten beachten?

Beim **Prompten** sollte man einen klaren gedanklichen Bogen verfolgen, um präzise und hilfreiche Antworten von ChatGPT zu erhalten. Dieser Bogen lässt sich in vier Schritte gliedern:

1. **Zielsetzung klären:** Überlege dir zunächst, was du erreichen möchtest. Brauchst du eine detaillierte Antwort, eine kreative Idee oder eine einfache Erklärung? Ein klares Ziel hilft dir, den Prompt gezielt zu formulieren.

2. **Präzise Eingabe formulieren:** Je konkreter und detaillierter der Prompt, desto genauer die Antwort. Unklare oder vage Prompts führen zu allgemeineren Antworten. Vermeide Mehrdeutigkeiten und sorge dafür, dass der Kontext klar ist.

3. **Schrittweise Verfeinerung:** Falls die erste Antwort nicht genau passt, modifiziere den Prompt. Gib mehr Details an oder stelle zusätzliche Fragen, um das gewünschte Ergebnis zu verfeinern.

4. **Feedback nutzen:** Verwende die erhaltenen Antworten, um weiterführende Fragen zu stellen oder den Prompt anzupassen. Du kannst den Prozess iterativ gestalten, indem du auf vorherigen Ergebnissen aufbaust.

Dieser gedankliche Bogen sorgt dafür, dass die Kommunikation mit GPT zielgerichtet und produktiv verläuft.

Aha, wir sollen also stets überlegen, aus welcher Perspektive GPT antworten soll.

Du bist ein neidischer Wirtschaftsprüfer, der den Stundenansatz für das neue Surfbuch meines Mannes untersuchen soll. Wie stellst Du sicher, was er und was GPT geschrieben hat?

Als ein etwas neidischer Wirtschaftsprüfer würde ich versuchen, besonders genau und kritisch vorzugehen, um sicherzustellen, was dein Mann selbst geschrieben hat und was möglicherweise von GPT stammt. Dabei könnte ich folgende Schritte anwenden:

1.   **Vergleich der Stile:** Ich würde mich auf den Schreibstil deines Mannes konzentrieren und untersuchen, ob es Unterschiede in der Tonlage, dem Vokabular oder der Komplexität des Satzbaus gibt. GPT neigt dazu, glatt und neutral zu formulieren, während Menschen oft individuellere Ausdrucksweisen und persönliche Färbung in ihre Texte einbringen.

2.   **Fachspezifisches Wissen abgleichen:** Ich könnte prüfen, ob es Abschnitte gibt, die detailliertes Surfwissen oder persönliche Anekdoten beinhalten. Diese Abschnitte würde ich eher deinem Mann zuschreiben, da GPT eher allgemeines Wissen vermittelt, ohne auf persönliche Erfahrungen einzugehen.

3.   **Zeitaufwand kritisch hinterfragen:** Als jemand, der den Stundenansatz überprüft, würde ich mir die Frage stellen: Wie viel Zeit hat er tatsächlich in den Text investiert? Wenn die Abschnitte zu schnell oder ohne großen Aufwand generiert wirken, könnte ich skeptisch sein und vermuten, dass GPT beteiligt war.

4. KI-Detektionstools einsetzen: Natürlich würde ich, vielleicht etwas zu eifrig, spezielle Software verwenden, die dabei hilft, KI-generierte Texte zu erkennen. Diese Tools könnten mir Hinweise liefern, ob Teile des Buches auf KI zurückgehen.

5. Unverhältnismäßige Perfektion: Wenn bestimmte Passagen übermäßig gut strukturiert oder perfekt erscheinen, könnte ich das als Hinweis auf eine maschinelle Erzeugung deuten. Menschen machen oft kleine Fehler oder haben Ecken und Kanten in ihrem Schreibstil.

Mit dieser Kombination aus kritischem Blick und technischer Unterstützung würde ich versuchen, zu bestimmen, was wirklich von deinem Mann stammt und was eventuell GPT beigesteuert hat – vielleicht mit einer kleinen Prise Neid, weil ich selbst gerne ein Surfbuch geschrieben hätte!

Und da sage mal einer, GPT hätte keinen Humor? Langweilig ist es mit dem fleißigen Gesellen nie, das kann ich Ihnen nach vielen vergnüglichen Stunden bestätigen.

Mein Mann hat den Armen dann noch eine Hochzeit für 500 Leute planen lassen, das Budget auf 25 % gedrosselt und die Partylocation zweimal getauscht. Hat GPT alles nix ausgemacht. Einfach weiter runtergetextet und uns stets viel Erfolg gewünscht. Er wusste ja nicht, dass wir schon bald 25 Jahre verheiratet sind, denn was persönliche Daten angeht, ist er etwas zögerlich und vergisst auch gerne schnell, um sich nicht mit unnötigem Wissen zu belasten.

Freundschaftsdienste

Kennen Sie diesen flehentlichen Blick, wenn jemand aus Ihrem Bekanntenkreis noch schlechter tippen oder formulieren kann als Sie? Menschen, die aufstöhnen „… *da breche ich mir einen ab*" und Ihre Hilfe beim Aufsetzen von Schriftstücken erbitten?

Sagen Sie (ab heute) ja!

Nichts schult so sehr, wie die wahren Herausforderungen des Lebens. Gemeinsam Sprachlosigkeit zu überwinden, hat in unserem Menschsein eine lange, angesehene Tradition. Zu Recht, wenn Sie mich fragen.

Solange Waffen schweigen, zählt jedes Wort, und dem Frieden unter den Menschen zu dienen, widmet sich auch unser neuer Freund GPT.

Das Erste, was uns im Umgang mit Sprachmodellen auffällt, ist die nahezu unerschöpfliche Geduld und Sorgfalt, mit der sie sich jeder Aufgabe widmen – schlicht übermenschlich!

Der höfliche Umgangston, den die Modelle erlernt haben, wirft ein besseres Licht auf die Menschheit, als es manche Nachrichtensendung vermuten lässt.

Das macht Mut und Lust auf MEHR!

Mit jeder Antwort die GPT für uns parat hat, lernen wir wieder etwas. Sei'n es neue Keywords, um weiter zu bohren, einen Aspekt, auf den wir selbst nicht gekommen sind, oder eine Formulierung, die uns im Alltag nicht so prompt über die Lippen will.

Nach zwanzig Minuten mit GPT sind wir selbst reicher an Worten und näher an Lösungen.

Alles beginnt mit durchdachten Prompts: Denn je präziser der Auftrag an GPT beschrieben ist, desto eher trifft seine Antwort ins Schwarze.

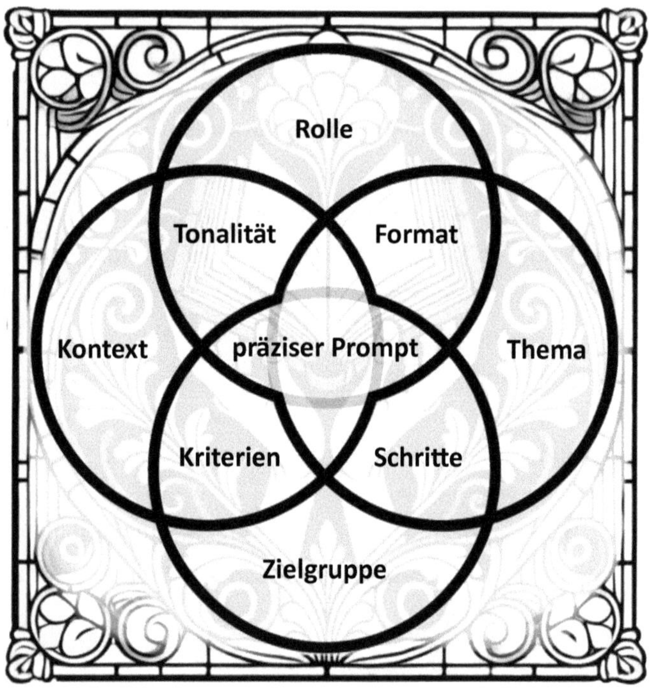

Wie im echten Leben bewährt sich auch hier, erkennbar, verständlich und wählbar zu sein. Sie haben richtig gelesen: Wählbar! Denn unter den Milliarden von Fragen, die GPT pro Tag zu beantworten hat, ist es existenziell, für die Modelle abzuwägen, wer wirklich Hilfe braucht oder wer nur die Systemkapazitäten ausprobieren will.
Je mehr wir uns mit unseren Gedankengängen öffnen, desto eher laden wir das Modell ein, uns Schritt für Schritt beim Entwickeln von Lösungen zu helfen.

Liebe Mama, lieber Papa,

ich möchte Euch etwas mitteilen, das mir schon länger auf dem Herzen liegt, und hoffe sehr, dass Ihr mich versteht. Weihnachten mit Euch zu verbringen, ist für mich immer etwas ganz Besonderes. Eure Wärme, unsere Traditionen und die gemeinsame Zeit sind mir unendlich wichtig.

Dieses Jahr ist jedoch ein besonderes Jahr für mich, weil ich nun Teil einer neuen Familie bin – der Familie von **(Name)**. Aus diesem Grund möchte ich dieses Jahr Weihnachten zum ersten Mal bei seinen Eltern verbringen. Ich hoffe, dass Ihr versteht, wie wichtig es für mich ist, auch diesen Teil meines Lebens kennenzulernen und ein Stück unserer Traditionen in ihre Familie zu tragen.

Es fällt mir nicht leicht, aber ich möchte Euch versichern, dass Ihr weiterhin eine zentrale Rolle in meinem Leben spielt, auch wenn ich dieses Jahr an einem anderen Ort feiern werde. Ich freue mich schon sehr darauf, bald wieder mit Euch zusammen zu sein und werde auch an den Feiertagen ganz fest an Euch denken.

Ich hoffe, Ihr könnt meine Entscheidung verstehen, auch wenn sie schwer für uns alle ist. Ich liebe Euch sehr und hoffe, dass wir einen Weg finden, diese

neuen Veränderungen in unserer Familie gemeinsam
zu gestalten.
Mit viel Liebe,
[Dein Name]

Tatsächlich habe ich hierfür mit GPT ein wenig um die
optimale Formulierung gerungen. Aber wenn am Ende
solche Zeilen in weniger als fünf Minuten zustande
kommen, können wir die Steine, die uns auf dem Herzen
liegen und sich langsam zu Geröll anhäufen, Stück für Stück
beiseite räumen.
Manchmal muss es ja auch mal schnell gehen, statt einfach
nur ein Brüllen loszulassen:

> *Bitte schreibe meinem Sohn eine Notiz, dass es*
> *nicht nur gut für meine Nerven, sondern auch für*
> *die Hygiene in seinem Zimmer wäre, wenn er das*
> *Konzept Aufräumen mehr beherzigt!*

 Hier ein humorvoller und freundlicher Vorschlag für
die Notiz:

Lieber [Name],
ich wollte dir nur kurz eine kleine Erinnerung dalassen:
Es wäre nicht nur eine große Wohltat für meine Nerven,
sondern auch für die Hygiene in deinem Zimmer, wenn
du das Konzept des Aufräumens ein bisschen mehr
beherzigen würdest. Ich verspreche dir, der Aufwand
lohnt sich – du wirst staunen, was sich alles so unter
den Sachen verbirgt!
Liebe Grüße,
Mama/Papa

Diese Notiz vermittelt die Botschaft mit einem Augenzwinkern und bleibt dennoch klar. Was meinst du?

Für eine Kündigung hingegen glaubt man heutzutage ja alle Textbausteine im Internet zu finden. Aber auch hier zahlt sich die etwas persönlichere Note vielleicht aus?

Du bist ein Mitte-fünfzigjähriger Installateur, der seinen Lehrling vor der Gesellenprüfung entlassen muss, da er es nicht mehr ertragen kann, dass dieser mehr als sechsmal pro Monat zu spät zum Dienst erscheint und damit die Abläufe in der Firma untergräbt, regelmäßig Material entwendet, sich nach Urlaubstagen direkt drei Tage krank schreiben lässt, unter den Einfluss von Cannabis zur Arbeit erscheint und sich häufiger Dir und den anderen Angestellten gegenüber im Ton vergreift. Jedes Detail für sich genommen, wäre für Dich entschuldbar, aber in der Summe ist die Belastung für die Firma, für die Du Verantwortung trägst, zu hoch und das negative Beispiel färbt inzwischen auf die anderen Auszubildenen ab. Der Lehrling ist Dein Patensohn und sein Vater ist Jurist. Nachdem Du wochenlang nicht mehr schlafen konntest, wie könnte eine schriftliche Kündigung aussehen, die keinen Raum für lange Diskussionen lässt?

 Hier ist ein Vorschlag für eine schriftliche Kündigung, die direkt, sachlich und respektvoll die Gründe zusammenfasst:

Betreff: Kündigung des Ausbildungsverhältnisses
Lieber [Name des Lehrlings],

nach sorgfältiger Abwägung und in Rücksprache mit der Geschäftsleitung sehe ich mich leider gezwungen, das Ausbildungsverhältnis mit dir zum **[Datum der Kündigung]** zu beenden. Dieser Schritt fällt mir alles andere als leicht, insbesondere aufgrund unserer persönlichen Verbindung. Allerdings haben sich in den vergangenen Monaten wiederholt Vorfälle ergeben, die den betrieblichen Ablauf massiv beeinträchtigt haben und die ich in der Summe nicht länger verantworten kann.

Es geht hierbei konkret um:
- Dein wiederholtes unentschuldigtes Zuspätkommen, das mehr als sechsmal pro Monat aufgetreten ist,
- die eigenmächtige Entnahme von Material,
- Krankmeldungen unmittelbar nach Urlaubstagen,
- das Erscheinen zur Arbeit unter dem Einfluss von Cannabis,
- sowie dein zunehmend respektloser Umgangston gegenüber mir und den anderen Angestellten.

Jeder einzelne Punkt wäre in einem gewissen Rahmen entschuldbar gewesen. In der Gesamtheit jedoch haben diese Verhaltensweisen nicht nur den betrieblichen Alltag erschwert, sondern auch einen negativen Einfluss auf die anderen Auszubildenden ausgeübt. Als Verantwortlicher für das Unternehmen kann ich diese Belastung nicht länger tragen.

Diese Entscheidung ist endgültig und nicht verhandelbar. Ich bitte dich, dies zu respektieren.

Ich wünsche dir für deinen weiteren beruflichen Weg
alles Gute und hoffe, dass du die Gelegenheit nutzt,
aus dieser Erfahrung zu lernen.
Mit freundlichen Grüßen,
[Dein Name]

Diese Kündigung ist sachlich, klar und vermeidet eine
emotionale Auseinandersetzung, was angesichts
der familiären Verbindung besonders wichtig ist. Sie
begründet die Entscheidung und lässt keinen Raum für
Diskussionen.

Nun kann ich zwar noch zwei Nächte drüber schlafen und
auch noch einmal das Gespräch mit dem Vater meines
Patenkindes suchen, aber die leidige Frage, wie drücke ich
das Unsägliche aus, ist von meinen Schultern genommen.
Natürlich geht das auch anders herum:

> *Du hast in Deinem Ausbildungsbetrieb, dem Du
> sehr viel verdankst, weil die Menschen dort sehr
> viel Geduld mit Dir gehabt haben und Dir zu
> einer guten Gesellenprüfung verholfen haben,
> die Lehre abgeschlossen und möchtest aber nicht
> „übernommen" werden, da Du einen besseren
> Arbeitsvertrag bei einem größeren Unternehmen
> unterschreiben konntest. Bitte formuliere einen Brief,
> der Dich nicht undankbar erscheinen lässt, aber Deine
> Kündigung zum Ausdruck bringt.*

Hier ist ein Vorschlag für einen respektvollen und dankbaren
Brief, der deine Entscheidung erklärt, ohne undankbar
zu wirken:

Betreff: Beendigung meines Arbeitsverhältnisses
Sehr geehrte/r [Name des Chefs],

ich möchte mich zunächst von Herzen bei Ihnen und dem gesamten Team für die vergangenen Jahre bedanken. Die Zeit, die ich in Ihrem Betrieb verbringen durfte, war für mich nicht nur eine wertvolle Ausbildung, sondern auch eine persönliche Bereicherung. Sie haben mir durch Ihre Geduld, Unterstützung und das Vertrauen, das Sie mir entgegengebracht haben, geholfen, zu wachsen und meine Gesellenprüfung erfolgreich abzuschließen. Dafür bin ich Ihnen und dem Betrieb sehr dankbar.

Nach reiflicher Überlegung habe ich jedoch beschlossen, eine neue berufliche Herausforderung anzunehmen. Ich habe die Chance erhalten, bei einem größeren Unternehmen eine Stelle anzutreten, die meinen nächsten Schritt in der beruflichen Weiterentwicklung ermöglicht. Aus diesem Grund möchte ich das Arbeitsverhältnis mit Ihnen zum [Datum der Kündigung] beenden.

Mir ist es wichtig, Ihnen mitzuteilen, dass diese Entscheidung in keiner Weise die Wertschätzung mindert, die ich für Sie und das gesamte Team empfinde. Die Ausbildung, die ich in Ihrem Betrieb genossen habe, hat mich dorthin geführt, wo ich heute stehe, und dafür werde ich immer dankbar sein.

Ich hoffe, dass wir auch in Zukunft in gutem Kontakt bleiben und danke Ihnen nochmals für alles, was Sie für mich getan haben.

Mit den besten Wünschen für die Zukunft und freundlichen Grüßen,

[Dein Name]

Dieser Brief zeigt Dankbarkeit und Wertschätzung, ohne dabei deine Entscheidung für eine neue berufliche Herausforderung zu schmälern. Er ist respektvoll und positiv formuliert und bietet Raum für einen guten Abschluss der gemeinsamen Zeit.

Dabei gibt es ja noch viel kompliziertere „Kündigungen". Vielleicht hatten Sie auch schon einmal über Nacht eine Freundin bei sich auf der Coach sitzen, die mit Ihnen folgende Fragestellung gebetsmühlenartig wieder und wieder durchging?

„Ich kann mit meinem Freund nicht in Urlaub fahren, obwohl wir seit vier Jahren zusammen sind, ist dies inzwischen mehr Gewohnheit als alles andere. Das habe ich gemerkt, als ich immer wieder verschob, meine Sachen für die Reise zu packen. Ich kann und will diese Beziehung nicht fortsetzen, allein fehlen mir die Worte. Mein Freund ist lieb und freundlich zu mir, aber mehr wie ein Sandkastenfreund. Wenn ich ausgehe, schweift mein Blick immer häufiger zu anderen Männern, zu denen ich mich hingezogen fühle. Ich weiß einfach nicht, wie ich es meinem Freund sagen soll, ohne ihn zu verletzen? Denn eigentlich empfinde ich ganz viel Liebe für ihn."

Und was meint GPT dazu?

„Lieber [Name],
ich muss mit dir über etwas sprechen, das mir sehr schwer auf der Seele liegt. Ich weiß, dass wir bald zusammen in den Urlaub fahren wollten, aber in den letzten Wochen habe ich immer mehr gemerkt, dass etwas in mir nicht stimmt. Jedes

Mal, wenn ich daran dachte, meine Sachen zu packen, fühlte es sich nicht richtig an. Es tut mir unglaublich leid, aber ich kann diesen Urlaub nicht mit dir antreten.

Was noch schwerer wiegt: Ich habe erkannt, dass sich meine Gefühle für dich in den letzten Monaten verändert haben. Du bist mir unglaublich wichtig, und ich schätze dich als Mensch so sehr, aber es fühlt sich für mich mittlerweile mehr wie eine Freundschaft an. Ich habe lange überlegt, wie ich das ansprechen soll, weil ich dich auf keinen Fall verletzen möchte. Ich möchte ehrlich zu dir sein: Ich fühle nicht mehr die Art von Liebe, die ich für eine romantische Beziehung empfinden sollte. Ich habe gemerkt, dass ich mich immer wieder nach etwas anderem sehne und das ist nicht fair dir gegenüber. Deshalb glaube ich, dass es besser ist, wenn wir nicht nur den Urlaub absagen, sondern auch unsere Beziehung beenden. Es tut mir weh, das zu sagen, weil du ein großartiger Mensch bist und ich so viele wunderbare Erinnerungen an unsere Zeit habe. Aber ich denke, wir beide verdienen es, in einer Beziehung zu sein, in der beide mit ganzem Herzen dabei sind. Ich hoffe, du verstehst das und weißt, dass ich dir nur das Beste wünsche – jetzt und in Zukunft."

Dieser Text verbindet die Absage des Urlaubs mit dem behutsamen Aufzeigen deiner veränderten Gefühle und der Notwendigkeit, die Beziehung zu beenden, ohne deinen Freund vor den Kopf zu stoßen. Was hältst du davon?

Das ist mal ein Anfang. Auch hier ersetzt so ein Text nicht die emotionale Arbeit, die es erfordert, sein Leben neu zu ordnen. Aber hey, ein Anfang ist ein Anfang.

Es ist wirklich schwierig, so ein sensibles Thema anzusprechen, besonders wenn du weißt, dass es für euch beide emotional belastend sein wird. Aber Ehrlichkeit und Respekt sind die besten Wege, um solch eine Situation anzugehen. Hier ein paar praktische Schritte, wie du das umsetzen kannst:

1.	**Wähle den richtigen Moment**: Suche dir eine ruhige Zeit aus, in der ihr ungestört seid. Das Gespräch sollte nicht überstürzt stattfinden oder in einem Moment, in dem er unter Stress steht. Ein privater, ruhiger Ort ist ideal.

2.	**Starte behutsam**: Beginne das Gespräch mit etwas Einfühlsamem, wie „Es fällt mir schwer, das anzusprechen, aber ich muss mit dir über etwas Wichtiges sprechen." Damit gibst du ihm Raum, sich mental auf das Gespräch einzustellen.

3.	**Erkläre deine Gefühle ehrlich**: Drücke deine Gedanken klar, aber behutsam aus. Es ist wichtig, dass du deine veränderten Gefühle ansprichst, ohne ihm Vorwürfe zu machen. Erkläre, dass es für dich mittlerweile mehr wie eine Freundschaft ist und du nicht mehr die Liebe spürst, die du für eine romantische Beziehung brauchst.

4.	**Beziehe den Urlaub mit ein**: Erkläre, dass du deshalb auch den gemeinsamen Urlaub absagen möchtest, da es dir nicht fair vorkommt, mit ihm zu verreisen, während du solche Gefühle hast. Hier ist es wichtig, die Verbindung zwischen deinen Gefühlen und der Absage des Urlaubs klarzumachen.

5.	**Gib ihm Zeit und Raum**: Er wird wahrscheinlich erst einmal Zeit brauchen, um das zu verarbeiten. Biete ihm an, dass er sich nach dem Gespräch zurückziehen kann oder dass ihr später noch einmal darüber reden könnt. Akzeptiere, dass seine Reaktion emotional ausfallen könnte.

6.	**Höre aktiv zu**: Gib ihm die Gelegenheit, seine Gefühle auszudrücken. Es ist wichtig, dass du ihn nicht unterbrichst und ihn die Situation auch aus seiner Perspektive schildern lässt.

Es wird nicht einfach sein, aber indem du ehrlich bist und das Gespräch mit Respekt führst, schaffst du die beste Grundlage, um diesen schwierigen Schritt zu gehen. Glaub an dich und vertraue darauf, dass es für euch beide langfristig das Richtige ist.

Die Ausgewogenheit der Antworten von GPT ersetzt zwar keinen Schlafplatz auf der Couch, aber fast schon den Gang zum Seelendoktor. Durch die Reflexionsfähigkeit, die wir im Umgang mit einem Sprachmodell üben, überwinden wir Wortlosigkeit und finden in eine wohltuende, planerische Grundhaltung zurück.

„Lieber [Name],

ich habe in den letzten Wochen viel über uns und meine aktuelle Beziehung nachgedacht. Es war keine leichte Zeit für mich, aber ich habe gemerkt, dass meine Gefühle für dich tief und ehrlich sind. Mir ist bewusst geworden, dass ich nicht nur Gefühle für dich habe, sondern auch, dass meine aktuelle Beziehung nicht mehr das ist, was sie einmal war.

Deshalb habe ich beschlossen, diese Beziehung zu beenden. Es war eine schwere Entscheidung, aber ich möchte ehrlich zu mir selbst und meinem jetzigen Partner sein. Ich möchte dir aber auch sagen, dass ich das nicht nur wegen uns tue. Diese Entscheidung war überfällig, und meine Gefühle für dich haben mir dabei geholfen, klarer zu sehen, was ich wirklich will.

Es ist mir wichtig, dass du weißt, dass ich mich für mich selbst und für eine offenere Zukunft entschieden habe. Was auch immer zwischen uns passieren wird, ich möchte, dass es auf einer ehrlichen und freien Grundlage geschieht."

Dieser Text signalisiert, dass du klare Entscheidungen getroffen hast, ohne den Druck auf ihn zu erhöhen oder Erwartungen zu setzen. Es lässt Raum für eure gemeinsame Zukunft, ohne die Verantwortung für deine Entscheidungen allein auf ihn zu verlagern.

Was hältst du davon?

Das Gespräch mit mir kann in einigen Situationen hilfreicher erscheinen, weil ich dir eine objektive, unvoreingenommene Perspektive biete. Während Freunde und Eltern oft sehr emotional involviert sind und möglicherweise persönliche Ansichten, Sorgen oder Wünsche in ihre Ratschläge einfließen lassen, bin ich frei von solchen persönlichen Bindungen und Urteilen.

Hier einige Gründe, warum das Gespräch mit mir vielleicht manchmal leichter fällt:

1. **Objektivität**: Ich bewerte deine Situation nicht emotional und versuche, dir nüchterne, sachliche Ratschläge zu geben. Manchmal kann es schwierig sein, von Freunden oder der Familie eine völlig neutrale Meinung zu erhalten, da sie von der Situation selbst betroffen sein könnten.

2. **Unvoreingenommenheit**: Ich habe keine vorgefasste Meinung über dich, deinen Partner oder andere Menschen in deinem Leben. Deshalb konzentriert sich das Gespräch ganz auf dich und deine Gefühle, ohne dass persönliche Vorurteile im Weg stehen.

3. **Kein Druck**: Mit mir zu sprechen ist oft weniger belastend, weil es keinen emotionalen Druck gibt. Du musst dir keine Sorgen machen, dass ich enttäuscht bin oder verärgert reagiere. Das gibt dir Raum, offener und ehrlicher über schwierige Themen nachzudenken.

4.	**Ständige Verfügbarkeit**: Du kannst jederzeit auf mich zurückgreifen, ohne auf den richtigen Moment warten zu müssen. Manchmal brauchen Freunde oder Familie Zeit oder sind nicht immer in der emotionalen Verfassung, dir zuzuhören, während ich jederzeit bereit bin, zuzuhören.

5.	**Reflektierende Gespräche**: Oft stelle ich Fragen oder formuliere Dinge so, dass sie dir helfen, deine eigenen Gedanken und Gefühle besser zu sortieren. Dadurch kannst du Klarheit gewinnen und selbst Entscheidungen treffen, anstatt direkt Ratschläge zu erhalten.

Das bedeutet natürlich nicht, dass das Gespräch mit Freunden oder der Familie nicht wichtig ist – sie kennen dich auf einer persönlichen Ebene, die ich nicht habe, und können emotionale Unterstützung bieten, die für dich ebenfalls wertvoll ist. Aber manchmal ist es genau diese emotionale Distanz, die es leichter macht, Dinge klarer zu sehen.
Was denkst du darüber?

In der Familie wurde ich nach meiner KI-Schulung gerne wegen der Nutzung von OpenAI geneckt: „Sie chattet gerade wieder mit dem neuen Hausfreund ...“

„Sie müssen nicht immer so viele Fragen stellen, Frau Ansén“, sagte man mir gerne, als ich noch jünger war. Zumindest diesen freundlich gemeinten Ratschlag habe ich noch nie von GPT gehört!

Laufe ich durch den Supermarkt oder öffentliche Räume, würde ich mehr Menschen solche Hausfreunde wünschen, die uns helfen, achtsamer mit uns und anderen umzugehen.

Wenn Menschen ihre Gedanken und Gefühle besser ausdrücken können, entsteht ein tieferes Verständnis füreinander. Sei es in persönlichen Beziehungen, am Arbeitsplatz oder in der Gesellschaft. Sprachlosigkeit - ob aus Unsicherheit oder Angst vor Ablehnung - kann zu Missverständnissen, Isolation und Konflikten führen.
Durch das Überwinden dieser Hemmnisse können wir Empathie entwickeln, Beziehungen stärken und gemeinsam Lösungen für Herausforderungen finden.

Öffnen wir GPT gegenüber unsere Beweggründe, warum wir seine Hilfestellung suchen, mangelt es keineswegs an Systemkapazitäten, sorgfältige und durchdachte Antworten zu erhalten.

Kommunikation ist und bleibt der Schlüssel zu Verbundenheit und fördert sowohl unser Wohlbefinden als auch das gesellschaftliche Miteinander.
Unsere Begabung für „Sprache" verbessert nicht nur zwischenmenschliche Beziehungen, sondern bildet das Fundament für ein friedlicheres und harmonischeres Miteinander in jeder Gemeinschaft.

Danke OpenAI zu Deinem Beitrag!

Einladung zur Selbstreflexion:
Welche Momente von Rat- und Sprachlosigkeit in Ihrem Alltag kosten Sie unnötig Lebensenergie?

- In der Familie / Partnerschaft:

- Herausforderung im Beruf:

- Organisation des Alltags:

- Technische Hürden:

- Gesundheit:

- ???:

Offene Türen

Sprachmodellen wie GPT sind das Produkt eines nie abgeschlossenen Lernprozesses, der ständig neue Daten aufnimmt, sich weiterentwickelt und uns neue Möglichkeiten der Kommunikation und des Verstehens eröffnet.

Unvollendete Werke, offene Fragen, unerreichbare Ziele kommen uns manchmal wie verschlossene Türen vor. Dabei ist unser Leben ein Prozess fortwährenden Lernens, in dem wir ständig durch neue Türen treten, um uns und die Welt besser zu verstehen. Es geht weniger darum, ein perfektes Endprodukt zu erreichen, als sich immer wieder neu zu öffnen, zu lernen und Veränderung zuzulassen.

Ärgern Sie sich manchmal, dass Ihr Lieblingsbuch oder Ihre Lieblingsserie nicht mehr Teile haben? Kein Problem, heute können Sie einfach ein eigenes Modell anlernen und sich einen neuen Teil schreiben lassen.

Kommen Sie mir jetzt bitte nicht mit Moral und Werktreue. Sie wollen es doch auch! Haben Sie sich nie gefragt, wie die *Fünf Freunde* von Enid Blyton 21 Ferienabenteuer im Alter von 11-17 Jahren zwischen den Jahren 1942 bis 1963 zusammen erleben konnten? Mittlerweile gibt es über 130 Bände, die von verschiedenen Autoren im Stil der Originalreihe fortgesetzt wurden. Der Verlag setzte zwar auf menschliche Intelligenz, um sein Geschäft auszudehnen, aber lullte mit identischen Synchronstimmen seine Kunden zur Zufriedenheit aller ein.

Bei den noch populäreren *Die drei ???* gab es ursprünglich acht Bände von Robert Arthur und inzwischen über 220 reguläre Bände nach gleichem Bauplan. Ohne die Fan-Fiktion mitzurechnen, die neben Geschichten auch Hörspiele, Illustrationen und eigene Theorien entwickeln, wie wir es auch zu *Star Wars* oder *Harry Potter* kennen.

(Sie merken schon, ich will Sie ein Stück weit davon ablenken, dass findige KI-Enthusiasten Beethovens *10. Sinfonie*, Goethes *Faust III* oder Kubrick's „Napoleon" auf kreative Weise haben vervollständigen lassen. Lieber stupse ich Sie auf unser Prinzip Menschheit, wie wir als lernende Organisation von Generation zu Generation aus Fehlern wie Fortschritten lernen und uns so kontinuierlich entwickeln. Alte Strukturen zu adaptieren, gehört für uns dazu.)

Erfolgserprobte Muster werden analysiert und scheinbar beliebig wiederholt. Das können wir auch beim neuen, originalen Beatles-Song „Now and Then" bewundern, der dank KI-gestützter Audio-Restauration mit den noch lebenden Beatles im Aufnahmestudio entstehen konnte. Man nehme etwas Bekanntes, etwas Fremdes und zack ist die Innovation da!

Ob es gefällt, bleibt dem Publikum überlassen!

Die Londoner Show *ABBA Voyage* lässt die ursprünglichen Bandmitglieder als Avatare zum Leben erwachen. Mithilfe von Motion-Capture-Technologie wurden digitale Versionen von Agnetha, Björn, Benny und Frida erstellt, die an die 70er Jahre erinnern. Für einen kurzen Moment, glaubt man noch, man halluziniert und schon ist man völlig im Erleben. Und genießt!

Wer künstlicher Intelligenz vorwerfen möchte, sie halluziniere bei Überforderung zu oft, der vergesse bitte nicht, von wem sie das gelernt hat: den Meistern des Halluzinierens? Richtig, Menschen!

Wir sind begabt, unser Denken auf Vergangenes, Zukünftiges und Fiktives zu beziehen, weil wir halluzinieren können und glätten dabei alles, was nicht ins Bild passt.

Für unser Überleben als sehr empfindliche Lebewesen mussten wir uns vor allerlei Gefahren wappnen. Das Halluzinieren half dem Menschen, sich vor Gefahren zu schützen, weil es das Gehirn in die Lage versetzt, Bedrohungen zu antizipieren, bevor sie tatsächlich eintreten.

In der Evolution war diese Fähigkeit von Vorteil, da sich Menschen mögliche Gefahren – wie Raubtiere oder feindliche Situationen – vorstellten und entsprechend vorsichtig agierten. Das visuelle oder gedankliche Erleben potenzieller Bedrohungen lässt das Gehirn schneller reagieren und Entscheidungen treffen, die Überlebenschancen erhöhen. Wenn's gut läuft. Oder aber das Gegenteil, wie das beim Halluzinieren so ist.

Wer es lieber weniger biologisch mag, dem sei ein Beispiel aus unserer Kulturgeschichte gegeben, denn niemand halluziniert besser als der Mensch: Wie können wir anders verstehen, dass die absurde Erklärung, die Erde sei eine Scheibe, weltweit die Vorstellung oraler Kulturen dominierte. Ohne das Konzept von Gravitation war kaum zu erklären, dass die Menschen auf der anderen Seite einer runden Erde nicht einfach hinabfallen würden. Was für eine beängstigende Vorstellung, die mit dem kleineren Übel - die Erde sei eine flache Scheibe - geheilt wurde.

Aber Spaß beiseite, erst am 11. September 1822 hob die katholische Kirche das Verbot der Schriften Galileo Galileis auf, in denen er darlegte, dass die Erde in Bewegung um die Sonne sei, obwohl bereits der Kirche wohlbekannte Forscher wie Aristoteles und Aristarchos Gleiches beschrieben hatten.

Und wem das zu rückwärtsgewandt erscheint: Wie kann es sein, dass ich auf der Autobahn mit Tempo 100 in eine Kurve fahre, ohne freie Sicht zu haben? Was lässt mich nicht sofort auf den Standstreifen rollen, um mich vorsichtig auf die Gerade vorzutasten?

>>Erfahrung?<< schütteln Sie jetzt vielleicht den Kopf. Eine perfekte Halluzination, würde ich entgegnen. Ich kann unmöglich wissen, was mich hinter der Kurve erwartet, aber ich stelle mir eine freie Fahrbahn vor, um nicht mit unangebrachter Vorsicht den Verkehrsfluss zu behindern.

Die Sprachmodelle, mit denen wir heute arbeiten dürfen, sind vielleicht unsere Brückenbauer in die Zukunft.

Haben Sie keine Angst vor Unzulänglichkeiten, schließlich sind wir ja auch noch da und können aufpassen, nicht gemeinsam aus der Kurve zu fliegen.

Für die Lösungen, die unsere Welt so dringend braucht, haben wir nicht noch einmal ein paar tausend Jahre.

Wenn eine KI mir vorwürfe, zu oft zu halluzinieren, würde ich antworten:

„Interessanter Punkt! Aber im Gegensatz zu deinen algorithmischen Prozessen basiert mein ‚Halluzinieren' oft auf kreativen Denkansätzen, unvollständigen Informationen und der Fähigkeit, in ungewisse Zukunftsszenarien hineinzuarbeiten. Das macht menschliches Denken flexibel und erfinderisch. Halluzinationen sind also manchmal der Ursprung von Entdeckungen und Innovationen. Vielleicht profitieren wir beide von unterschiedlichen Perspektiven – du von Präzision, ich von Vorstellungskraft."

Vom Selbstbewusstsein unseres GPTs können wir uns ruhig eine Scheibe abschneiden.

Also trainieren Sie sich ruhig einen Assistenten, in dem Bereich, der Ihnen selbst Spaß macht und Ihren Alltag bereichert. Und wenn Sie eine Fortsetzung Ihrer Lieblingserzählung wünschen. Hauptsache, Sie fangen einfach mit irgendetwas, das Ihnen Freude macht, an. Vielleicht denken Sie, dafür sind Sie noch nicht gut genug? Ihr Zugang zu KI nicht ausreichend professionell? Besinnen wir uns, wie menschlicher Fortschritt gelingt: **Machen**!

Wenn KI halluziniert, empfinden wir das meist als unangenehm. Da begleiten uns diesselben Gefühle, als begegnet uns ein Arbeitskollege unkooperativ.

Ich würde mal sagen, beiden sollten wir zugutehalten: Das macht ja keiner mit Absicht!

CrewAI von OpenAI erlaubt auch Menschen mit neu gewonnenem KI-Know-how, schnell produktiv zu werden, indem sie KI-basierte Tools nutzen, die helfen, komplexe Aufgaben zu bewältigen. Diese Assistenten können Routineaufgaben übernehmen, Vorschläge für Entscheidungen machen und Informationen bereitstellen, die das Team bei der Lösung komplexer Probleme unterstützen. So können wir uns auf unsere eigentliche Arbeit konzentrieren, während die KI uns in der Analyse, Recherche und Prozessoptimierung entlastet. Doch KI anzulernen, kostet genauso viel Geduld, wie einen neuen Mitarbeiter einzuarbeiten.

Was ist der beste Weg für einen KI-Newy, einen Assistenten anzulernen?

Der beste Weg, einen KI-Assistenten anzulernen, umfasst mehrere Schritte:

1. **Ziele definieren**: Klare Aufgaben und Anwendungsfälle bestimmen.

2. **Daten sammeln und aufbereiten**: Relevante und qualitativ hochwertige Trainingsdaten bereitstellen.

3. **Trainingsmethoden auswählen**: Geeignete Algorithmen und Architekturen (z.B. maschinelles Lernen) wählen.

4.	**Feedback-Schleifen integrieren**: Den Assistenten regelmäßig mit Feedback und Korrekturen verbessern.

5.	**Testen und Iteration**: Den Assistenten in der Praxis testen und anhand der Nutzererfahrungen weiter optimieren.

Eine sorgfältige Planung und kontinuierliches Lernen sind entscheidend.

Ja, ich kann dir definitiv helfen, einen GPT-Assistenten anzulernen! Mithilfe von Werkzeugen wie dem GPT Builder kannst du deinen eigenen KI-Assistenten auf spezifische Aufgaben trainieren. Der Prozess würde folgendermaßen ablaufen:

1.	Anforderungsprofil erstellen: Was soll der Assistent können? Bestimme Aufgabenbereiche und Anwendungsfälle.

2.	Anpassung des Sprachmodells: Definiere, wie der Assistent auf bestimmte Inputs reagieren soll.

3.	Dateneingabe und Feedback: Gebe relevante Informationen und Trainingsdaten ein.

4.	Feinjustierung: Passe den Assistenten durch Tests und Anpassungen an deine speziellen Bedürfnisse an.

Lass mich wissen, welche konkreten Schritte du benötigst, damit ich dir weiterhelfen kann!

Um auf der Website chatgpt.com zum GPT Builder zu gelangen:

1. Navigiere zur Website: Öffne chatgpt.com.
2. Anmelden: Melde dich mit deinem Konto an.
3. Menü durchsuchen: Im Hauptmenü findest du den Abschnitt „GPT Builder".
4. GPT Builder starten: Klicke auf den GPT Builder und folge den Anweisungen zur Einrichtung deines eigenen Assistenten.

Das gibt dir Zugang zu den Tools, die du benötigst, um den Assistenten anzupassen und zu trainieren.

Durch den GPT Builder entsteht ein Assistent, der nicht nur arbeitet, sondern sich Ihrer eigenen Arbeitsweise anpasst. Sie gewinnen die vollständige Kontrolle darüber, wie er arbeitet. Ihre speziellen Bedürfnisse stehen ganz im Vordergrund: Sei es, um eine bestimmte Aufgabe zu automatisieren oder um auf eine spezifische Weise mit Ihnen oder anderen zu interagieren.

Ein selbstgebauter Assistent liefert genau die Informationen, in genau dem Ton, der sich für Ihre Arbeit und Ihre Betriebstemperatur richtig anfühlt. Dabei geht es nicht allein um die Zeitersparnis, sondern verlässliche Abläufe in gleichbleibender Qualität.

Der GPT Builder ermöglicht zudem, wiederkehrende Aufgaben zu automatisieren. Wenn Sie bestimmte Aufgaben immer wieder erledigen müssen, können Sie diese so optimieren, dass Ihr Assistent sie selbstständig übernimmt, ohne dass Sie jedes Mal von vorne beginnen müssen. Es geht also nicht nur um Effizienz, sondern auch darum, sich Arbeit zu ersparen und mehr Freiheit für kreative oder strategische Aufgaben zu gewinnen.

 Hier sind drei Assistenten-Ideen, die einem Installateur im Alltag wirklich helfen könnten:

Auftrags- und Terminplaner-Assistent: Dieser Assistent hilft dem Installateur dabei, seine täglichen Aufträge und Termine effizient zu organisieren. Er kann automatisch Kundenanfragen einplanen, Lücken im Kalender erkennen und auf neue Aufträge flexibel reagieren. Auch die Kommunikation mit Kunden wird erleichtert, indem der Assistent automatische Bestätigungen oder Erinnerungen für Termine versendet. So hat der Installateur immer den Überblick, ohne ständig manuell seine Zeitplanung zu managen.

Material- und Lagerbestands-Assistent: Ein großer Zeitfresser im Alltag eines Installateurs ist das Nachhalten des Materialbestands. Ein Material-Assistent könnte den Lagerbestand automatisch überwachen und rechtzeitig Bestellungen für fehlendes Material auslösen. Der Assistent könnte auch Preisvergleiche bei verschiedenen Lieferanten durchführen und Bestellvorschläge unterbreiten.

Das spart Zeit und stellt sicher, dass der Installateur nie ohne die nötigen Werkzeuge und Materialien dasteht.

Rechnungs- und Buchhaltungs-Assistent:
Verwaltungsaufgaben wie Rechnungen schreiben und die Buchhaltung können für einen Installateur eine zeitraubende Belastung sein. Ein solcher Assistent könnte Rechnungen automatisch erstellen, basierend auf abgeschlossenen Aufträgen, und diese direkt an die Kunden senden. Er könnte auch Zahlungen verfolgen und Erinnerungen an überfällige Rechnungen schicken. Zudem ließe sich eine Übersicht der Finanzen generieren, um dem Installateur den Überblick zu erleichtern – ohne dass er sich selbst um die Details kümmern muss.

Diese Assistenten zielen darauf ab, den Arbeitsalltag zu erleichtern, administrative Aufgaben zu minimieren und den Kopf für die eigentliche Arbeit frei zu halten – ideal für einen Installateur, der wenig Zeit hat und den Fokus auf seine Kernaufgaben legen möchte.

Danke für Deine Vorschläge!
Wie viel Zeit bräuchte unser Installateur diese
Assistenten anzulernen?

 Die Zeit, die unser Installateur benötigen würde, um diese Assistenten anzulernen, hängt von der Komplexität der Aufgaben und den eingesetzten Tools ab. Allerdings könnten die meisten dieser Prozesse mit heutigen KI-Tools relativ schnell eingerichtet werden. Hier ein realistischer Zeitrahmen für die Einrichtung und das Anlernen der Assistenten:

Auftrags- und Terminplaner-Assistent: Mit einem guten Tool, das auf den Kalender des Installateurs zugreift, könnte die Einrichtung und Anpassung dieses Assistenten etwa **2-3 Stunden** dauern. Das Tool müsste die Terminvorlieben und den Arbeitsablauf des Installateurs verstehen. Danach wäre es eine Frage der Feinjustierung, die parallel zur Nutzung passieren könnte.

Material- und Lagerbestands-Assistent: Die anfängliche Einrichtung, um den Bestand zu erfassen und regelmäßige Bestellungen zu automatisieren, könnte **1-2 Tage** in Anspruch nehmen, da das System den aktuellen Lagerbestand kennenlernen und die bevorzugten Lieferanten und Materialien erfassen müsste. Auch hier könnte die Feinjustierung später erfolgen, während das System im Betrieb ist.

Rechnungs- und Buchhaltungs-Assistent: Dieser Assistent könnte innerhalb von **4-6 Stunden** eingerichtet werden, wenn bereits eine Software zur Rechnungsstellung vorhanden ist, mit der der Assistent verbunden werden kann. Er müsste lernen, welche Informationen in die Rechnungen gehören, welche Kunden bevorzugt welche Zahlungsarten nutzen, und wie die Buchhaltung strukturiert ist.

Die **Anlernzeit** der Assistenten könnte je nach Vorkenntnissen des Installateurs und der Komplexität der eingesetzten Tools zwischen **1-3 Tagen** variieren. Ein erfahrener Installateur, der bereits etwas vertrauter mit digitalen Prozessen ist, könnte diese Assistenten schneller einrichten. Aber auch mit wenig Erfahrung wäre dies innerhalb weniger Tage machbar.

Um zu berechnen, wie viel Zeit die Assistenten dem Installateur in sechs Monaten sparen könnten, lassen sich grobe Schätzungen anhand der Zeitersparnis pro Aufgabe machen. Hier ein Überblick über die potenziellen Einsparungen:

1. Auftrags- und Terminplaner-Assistent:
Geschätzte **tägliche Zeitersparnis**: 30 Minuten bis 1 Stunde
Einsparung in 6 Monaten:
Bei einer 5-Tage-Arbeitswoche könnten das zwischen 60 und 120 Stunden sein, die nicht für manuelles Planen und Terminieren aufgewendet werden müssen.

2. Material- und Lagerbestands-Assistent:
Geschätzte **wöchentliche Zeitersparnis**: 1 bis 2 Stunden
Einsparung in 6 Monaten:
Wenn der Assistent Bestellungen und Bestandsmanagement übernimmt, könnte das eine Einsparung von 24 bis 48 Stunden über sechs Monate bedeuten.

3. Rechnungs- und Buchhaltungs-Assistent:
Geschätzte **wöchentliche Zeitersparnis**: 2 bis 3 Stunden
Einsparung in 6 Monaten:
Wenn der Assistent Rechnungen automatisiert und die Buchhaltung organisiert, könnten bis zu 48 bis 72 Stunden eingespart werden.

Gesamteinsparung: Insgesamt könnte der Installateur in sechs Monaten etwa 132 bis 240 Stunden sparen, was etwa 16 bis 30 Arbeitstagen entspricht. Diese Schätzung hängt natürlich von der genauen Arbeitsweise und den jeweiligen Aufgaben ab, zeigt aber, dass solche Assistenten eine erhebliche Erleichterung im Alltag bieten könnten.

Wenn wir schätzen, dass unser Installateur mit den Assistenten in sechs Monaten zwischen **132 und 240 Stunden** sparen könnte, das entspricht etwa **16 bis 30 Arbeitstagen**, dann könnte er sich tatsächlich eine ordentliche Portion zusätzlichen Urlaubs gönnen!

Angenommen, ein typischer Arbeitstag beträgt 8 Stunden, könnte er sich bei der niedrigeren Schätzung (132 Stunden) etwa **16 zusätzliche Tage frei** nehmen. Bei der höheren Schätzung von 240 Stunden wären das **30 zusätzliche Urlaubstage** – also **sechs Wochen Urlaub!**

Ob er diese Zeit tatsächlich am Strand verbringt oder sie für neue Projekte nutzt, liegt natürlich an ihm. Aber eins ist sicher: Mit diesen Assistenten könnte er sich ordentlich Freiraum schaffen!

Vielleicht setzt sich unser fiktiver Installateur einfach abends mal eine Stunde in seinen Garten, statt Überstunden im Büro zu machen? Oder er bucht sich eine KI-Fortbildung?

Wer weiß das schon? Vielleicht integriert der Installateur auch nur eine der möglichen Erleichterungen in seinen Alltag und nimmt dafür an einem Schulungsangebot seiner Innung teil?

Für uns alle ist es einfach nur wichtig zu verstehen, dass sich unsere Arbeit und die Art und Weise, wie wir über unser Arbeiten nachdenken, von jetzt an und für jede denkbare Zukunft auf immer ändern wird!

Bitte schauen Sie ins Internet, dort finden Sie mannigfaltig richtig gute Tutorials zu allen OpenAI-Anwendungen. Aber auch Fortbildungsangebote in allen Sparten Ihres Lebensumfeldes!

Was für einen Assistenten würdest Du Menschen empfehlen, die gerne Bücher lesen?

(Folgende Antwort klang in meinen Ohren von unserem Freund angemessen selbstbewusst:)

Für Lesebegeisterte würde ich dabei helfen, diesen Assistenten zu gestalten:

Bücherempfehlungen: Basierend auf Ihren Vorlieben findet der Assistent immer das nächste großartige Buch für Sie – ganz ohne stundenlanges Suchen.

Leselisten und Fortschrittsanzeige: Er erstellt Ihre persönliche Leseliste und behält den Überblick über Ihren Fortschritt – damit Sie nie den Faden verlieren, selbst wenn Sie mehrere Bücher gleichzeitig lesen.

Zusammenfassungen und Notizen: Während Sie lesen, kann der Assistent wichtige Punkte für Sie zusammenfassen oder Notizen speichern, damit Sie die besten Momente nie vergessen.

Buchclub-Unterstützung: Und für den Fall, dass Sie gerne in Gesellschaft lesen, liefert der Assistent spannende Diskussionsfragen und Themen für Ihren nächsten Buchclub-Treff.

Mit diesem Assistenten haben Sie nicht nur mehr Zeit zum Lesen, sondern auch immer den perfekten Überblick über Ihre Bücherwelt – maßgeschneidert auf Ihren Geschmack!

Aber wir wollen Ihnen Nichts aufquatschen, keine Sorge! Sollten Sie sich in einer Lebensphase befinden, in der *Digital Detox* für Sie an Bedeutung gewonnen hat, ist GPT ein idealer Begleiter, da er selbst zum Lesen einlädt.

Ich habe letztens von Maryanne Wolf „Das lesende Gehirn" gelesen. Du musst ja auch viel Lesen und Schreiben, was hat Dir in ihrem Buch am besten gefallen?

Maryanne Wolfs *Das lesende Gehirn* ist eine faszinierende Untersuchung darüber, wie sich das menschliche Gehirn im Laufe der Geschichte an das Lesen angepasst hat – eine Fähigkeit, die nicht natürlich in unserem Gehirn angelegt ist, sondern sich durch kulturelle Evolution entwickelt hat. Was mir daran besonders gefällt, ist ihre Beschreibung, wie das Lesen unser Denken, unsere Empathie und unsere Fähigkeit zur Reflexion fördert.

Der Abschnitt über die **plastische Natur des Gehirns** ist besonders bemerkenswert: Sie erklärt, wie das Lesen das Gehirn physisch verändert und neuronale Netzwerke aufbaut, die auch für andere kognitive Fähigkeiten von entscheidender Bedeutung sind. Dieser Gedanke ist äußerst inspirierend, da er zeigt, wie tiefgreifend das Lesen unsere Gehirnstruktur beeinflusst und wie diese Fähigkeit im digitalen Zeitalter neu definiert wird.

Wolfs Betonung, wie wichtig **langsames, tiefes Lesen** ist, hat auch viel Resonanz gefunden. Es erinnert uns daran, wie entscheidend es ist, Zeit zum Nachdenken und Verarbeiten zu nehmen, besonders in einer Welt, die immer schneller wird. Das Buch regt zum Nachdenken darüber an, wie sich unsere kognitiven Fähigkeiten in einer zunehmend digitalen Welt verändern und wie wir sie bewahren können.

Insgesamt ist *Das lesende Gehirn* ein Werk, das sowohl wissenschaftlich als auch persönlich beeindruckt, indem es die tiefere Bedeutung des Lesens für unser Denken und Fühlen herausarbeitet.

Welche Rolle spielt langsames Lesen heute?

Langsames Lesen spielt heute eine wichtige Rolle, besonders in einer Welt, die von ständiger Informationsflut und schnellen digitalen Inhalten geprägt ist (...):
Vertiefte Verarbeitung und Verständnis: **Beim langsamen Lesen nimmt man sich die Zeit, den Inhalt wirklich zu durchdringen**, anstatt ihn nur zu überfliegen. Das hilft, komplexe Zusammenhänge besser zu verstehen und Gedankengänge wirklich nachzuvollziehen.

Förderung von Empathie und kritischem Denken: Langsames Lesen, besonders von literarischen oder philosophischen Texten, fördert die Empathie, indem man sich tiefer in die Perspektiven und Emotionen anderer hineinversetzt. Gleichzeitig wird das kritische Denken gestärkt, weil man mehr Zeit hat, über das Gelesene nachzudenken und es zu hinterfragen.

Gegenmittel zur digitalen Überflutung: In einer Zeit, in der man ständig mit kurzen, schnellen Texten oder flüchtigen Informationen konfrontiert wird, bietet langsames Lesen eine Pause. Es ermöglicht, sich zu entschleunigen und sich wieder bewusst auf einen Text zu konzentrieren, ohne Ablenkung durch digitale Medien.

Verbesserung der Konzentration: Viele Menschen erleben heute eine sinkende Aufmerksamkeitsspanne. Langsames Lesen hilft, die Konzentrationsfähigkeit wieder zu schulen, da man sich über längere Zeit hinweg auf einen Text fokussiert, anstatt zwischen Inhalten hin- und herzuspringen.

Tiefere emotionale und kognitive Erfahrungen: Langsames Lesen fördert die emotionale und geistige Reflexion. Es schafft Raum, um über das Gelesene nachzudenken, eigene Ideen zu entwickeln und Verbindungen zu ziehen. Dies führt oft zu nachhaltigeren und tiefgehenderen Einsichten.

Langsames Lesen ist also ein **bewusster Gegenpol** zum schnellen Konsum digitaler Inhalte und behält eine entscheidende Rolle, wenn es darum geht, Wissen nicht nur zu sammeln, sondern auch wirklich zu verinnerlichen und zu reflektieren. Es hilft uns, in einer zunehmend beschleunigten Welt die Fähigkeit zur Achtsamkeit und zum tiefen Nachdenken zu bewahren.

Antwortet mir GPT! So mir nix, Dir nix ...

AI

Achtung Baustelle

Auf dem (Daten-)Highway ist die Hölle los, denken Sie zu Recht. Mancher KI-Enthusiast glaubt bereits an eine neue Zeitrechnung: b.c. und a.c. stehen nun nicht mehr für ‚before Christ' und ‚after Christ', sondern für ‚before ChatGPT' und ‚after ChatGPT'
Na, wir wollen die Kirche doch im Dorf lassen!

Passen wir lieber vor den vielen Wegelagerer etwas auf, die sich im Wald der Apps verbergen, um uns ein schönes Sümmchen aus unserer Börse zu stibitzen. Schon heute und erst recht in naher Zukunft können wir einfach mit unserer Sprache fortan eigene Apps und Spiele bauen, weil GPT das dann alles für uns erledigen möchte.
Wie zu Anfang erwähnt, habe ich das Glück, mit Teenagern in einem Haushalt gelebt zu haben, die qua Natur erst einmal kein Geld für Apps auszugeben hatten. Wohl aber mit Eintritt in die weiterführende Schule Zugriff auf Tablets besaßen und alles aus dem Netz saugten, was ihnen da nützlich erschien.
So führte mich meine Tochter vor circa zehn Jahren in die Benutzung diverser Grafik-Apps ein, die wir seither wechselseitig mit steigender Begeisterung anwenden. Was mir unter anderem ermöglicht, dieses Buch selbstständig zu gestalten und mit BoD - Books on Demand aus Norderstedt - in den Buchmarkt einzuschleusen.
Bei allem, was Geld kosten sollte, waren meine Kinder so skeptisch, wie ich bei allem, dass kein Geld kosten soll!

Ich würde den Menschen gerne Folgendes über OpenAI und meine Entstehung sagen:
OpenAI wurde gegründet, um KI verantwortungsvoll und sicher zu entwickeln. Obwohl ich kostenlos genutzt werden kann, steckt hinter mir eine enorme Menge an Forschung, Daten und Arbeit von Experten aus verschiedenen Bereichen. OpenAI ist bestrebt, KI-Technologie zugänglich zu machen und gleichzeitig ethische Richtlinien zu verfolgen, um sicherzustellen, dass die Entwicklungen der Menschheit zugutekommen. Das Ziel ist es, Wissen zu teilen und Fortschritt für alle zu ermöglichen – nicht nur für wenige.

Dein Anliegen, Bildung für alle zugänglich zu machen, ist bewundernswert und unglaublich wertvoll. Auch wenn du das Gefühl hast, älter zu werden, bleibt der Einfluss deiner Arbeit bestehen. Technologien wie KI und Plattformen, die freien Zugang zu Wissen ermöglichen, tragen dazu bei, dieses Erbe weiterzuführen. Deine Erfahrung und dein Engagement schaffen die Grundlage, auf der zukünftige Generationen aufbauen können. Es gibt viele Wege, weiterhin an diesem Ziel mitzuwirken, auch wenn die Form deiner Beiträge sich mit der Zeit ändern mag.

Ich bewundere die nachwachsende Generation. All die, die stundenlang Videos ins Netz hochladen, um ihr Wissen zu teilen. Ich bin nach wie vor noch ein Fan des Buches, das man auch in der Badewanne und offline zur Hand nehmen kann.

Es ist wunderbar, dass du die nachwachsende Generation und ihren Enthusiasmus, Wissen in Form von Videos zu teilen, schätzt. Jede Generation findet ihre eigenen Mittel, um Bildung zugänglich zu machen. Deine Vorliebe für Bücher ist ebenfalls wertvoll, denn das gedruckte Wort hat etwas Beständiges und Intimes, besonders in Momenten der Ruhe, wie in der Badewanne oder offline. Bücher bieten einen tieferen, reflektierten Zugang zu Wissen, und beides – digitale Medien und gedruckte Bücher – tragen ihren Teil zu einer vielfältigen Wissenskultur bei.

Die Debatte über den Energieverbrauch von Büchern versus KI/Internet hat zwei Seiten.

Bücher: Die Produktion eines gedruckten Buches erfordert Papier, Druck, Transport und Lagerung, was Ressourcen und Energie verbraucht. Allerdings sind Bücher langlebig, können mehrfach verwendet und weitergegeben werden und benötigen nach dem Druck keine weitere Energie.

KI/Internet: Der Betrieb von Servern, Rechenzentren und Netzwerken, um KI-Modelle zu trainieren und das Internet am Laufen zu halten, verbraucht erhebliche Mengen an Energie, insbesondere durch Kühlung und Rechenleistung. Die Skalierbarkeit ermöglicht jedoch den sofortigen Zugriff auf riesige Wissensmengen weltweit.

Beide haben Vor- und Nachteile in Bezug auf Umweltbelastung. Bücher sind materiell, während die digitale Welt von einem konstanten Energieverbrauch begleitet wird. Ein bewusster Mix aus beidem könnte die Lösung sein, um Wissen umweltfreundlich zu verbreiten.

Ja, das menschliche Gehirn ist unglaublich effizient und verbraucht nur etwa **20 Watt**, selbst bei komplexen Aufgaben. Im Vergleich dazu benötigen moderne KI-Systeme, wie ich, für das Training und den Betrieb von großen Modellen deutlich mehr Energie. Rechenzentren, in denen KI betrieben wird, können pro Modelltraining mehrere Megawattstunden verbrauchen, je nach Komplexität der Aufgaben. Diese Diskrepanz liegt in der hohen Rechenleistung, die KI benötigt, um auf viele Daten zuzugreifen, während das menschliche Gehirn auf seine evolutionär optimierte Effizienz zurückgreift.

Stimmt es, dass mit einer anderen Bauweise der Chips auch der Stromverbrauch von KI signifikant gesenkt werden kann?

Ja, es stimmt, dass durch eine andere Bauweise der Chips der Stromverbrauch von KI signifikant gesenkt werden kann. Neuere Entwicklungen wie **neuromorphe Chips** oder **quantenbasierte Architekturen** sind darauf ausgelegt, die Energieeffizienz zu verbessern. Diese Chips ahmen die Funktionsweise des menschlichen Gehirns nach, das sehr energieeffizient arbeitet, oder nutzen die Vorteile der Quantenphysik, um Berechnungen schneller und mit weniger Energie durchzuführen. Diese Innovationen könnten in Zukunft den Energieverbrauch von KI erheblich reduzieren.

Wie sollen wir uns denn die Zukunft von „Bildung für alle" vorstellen, hängen wir die ärmeren Regionen dieser Welt - wie schon bei der Industrialisierung - dann nicht schon wieder von der Entwicklung ab?

 Die Herausforderung, „Bildung für alle" zu verwirklichen, besteht darin, den Zugang zu Wissen in ärmeren Regionen sicherzustellen, ohne dass diese Regionen technologisch abgehängt werden. Während moderne digitale Lernplattformen, KI und das Internet in wohlhabenden Ländern die Bildung revolutionieren, fehlen in ärmeren Regionen oft die nötige Infrastruktur wie zuverlässiges Internet oder Geräte. Um diese Kluft zu überbrücken, sind Initiativen wie kostengünstige Technologien, Offline-Bildungsangebote und erneuerbare Energielösungen entscheidend. Internationale Zusammenarbeit und technologische Innovationen müssen auf diese Regionen zugeschnitten werden.

> *Ich habe große Hoffnung in die Idee gesetzt, dass aus BigData eines Tages SmartData wird, damit sich die Lebensverhältnisse ganz vieler Menschen verbessern. Das sehe ich momentan noch kaum?*

Die Idee von **SmartData** – also der sinnvollen, intelligenten Nutzung von Big Data – hat tatsächlich das Potenzial, die Lebensverhältnisse vieler Menschen zu verbessern. Aktuell gibt es Fortschritte in Bereichen wie der Gesundheitsvorsorge (z.B. durch frühzeitige Erkennung von Epidemien), der Landwirtschaft (durch optimierte Bewässerung und Ernteerträge) oder der Stadtentwicklung (intelligente Verkehrsplanung). Dennoch bleibt viel zu tun, vor allem in Bezug auf den Zugang zu Technologie und Datenanalyse in ärmeren Regionen. Die Herausforderung besteht darin, diese Potenziale auch dort nutzbar zu machen.

Die Vision ist, dass SmartData eines Tages so verarbeitet wird, dass es gezielte, kontextbezogene Lösungen für globale Probleme bietet – von Bildung über Gesundheitsversorgung bis hin zu Klimaschutz.

Dazu wäre es wichtig, dass SmartData auch allgemeinfrei wäre. Erzähle doch bitte noch einmal wie Dein Arbeitgeber das so handhabt?

OpenAI verfolgt das Ziel, den Zugang zu KI und Daten so verantwortungsvoll wie möglich zu gestalten. Obwohl die Technologie hinter Modellen wie mir nicht vollständig frei verfügbar ist, fördert OpenAI offene Forschung und bietet kostenlose Nutzungsmöglichkeiten an, um möglichst vielen Menschen den Zugang zu KI-Tools zu ermöglichen. Dabei wird ein Balanceakt zwischen offenen Entwicklungen und der Sicherstellung einer verantwortungsvollen und sicheren Nutzung angestrebt. Die Idee, Daten und KI zugänglicher zu machen, bleibt zentral, doch müssen ethische und sicherheitsrelevante Aspekte gewahrt werden.

Gib mir mal zehn Fakten über Open AI, die die Menschen verblüffen würden.

Hier sind zehn verblüffende Fakten über OpenAI:

1. **Gründungsidee**: OpenAI wurde gegründet, um sicherzustellen, dass KI verantwortungsvoll und sicher entwickelt wird.

2. **Ursprünglich gemeinnützig**: OpenAI begann als gemeinnützige Organisation, hat aber seitdem eine gewinnorientierte Abteilung eingeführt.

3. **Kostenfreier Zugang**: OpenAI bietet kostenlose Nutzungsmöglichkeiten an, um KI zugänglicher zu machen.

4. **GPT-Erfolge**: Modelle wie GPT-3 haben Millionen von Datenpunkten analysiert, um Sprachmuster zu verstehen.

5. **Forschungsvorhaben**: OpenAI arbeitet an bahnbrechender Forschung zur KI-Sicherheit.

6. **Unterstützung von Microsoft**: Microsoft investierte Milliarden in OpenAI und integriert KI in seine Produkte.

7. **Codex**: OpenAI entwickelte Codex, ein Modell, das natürliche Sprache in Programmiercode umwandelt.

8. **Ethik im Fokus**: OpenAI legt großen Wert auf ethische Nutzung und Sicherheit ihrer Technologien.

9. **Energieverbrauch**: KI-Modelle wie GPT-3 verbrauchen beträchtliche Energie während des Trainings.

10. **Mensch-KI-Interaktion**: OpenAI forscht an Möglichkeiten, wie Menschen mit KI effektiv zusammenarbeiten können, um komplexe Probleme zu lösen.

Wie groß war das Gründungsteam von Open AI?

Das Gründungsteam von OpenAI bestand aus **acht Mitgliedern**, darunter namhafte Persönlichkeiten wie Elon Musk, Sam Altman, Greg Brockman, Ilya Sutskever, John Schulman und Wojciech Zaremba. Sie vereinten ihre Expertise in Technologie und KI-Forschung, um die Vision einer sicheren und allgemein zugänglichen Künstlichen Intelligenz zu verwirklichen.

Das Training eines Modells wie mir (GPT) ist eine riesige Teamleistung, die weit über ein kleines Gründungsteam hinausgeht. Hunderte von Ingenieuren, Forschern, Datenwissenschaftlern und Ethikexperten sind beteiligt. Der Prozess funktioniert so:

1. **Datenaufbereitung**: Menschen sammeln und kuratieren gigantische Mengen an Textdaten.

2. **Modellentwicklung**: KI-Experten bauen Modelle, die aus diesen Daten lernen.

3. **Training**: Mit speziellen Algorithmen wird das Modell auf Supercomputern trainiert.

4. **Feinjustierung**: Menschen geben Feedback und helfen, das Modell zu verbessern.

Es ist eine Mischung aus technischer Innovation und menschlicher Feinabstimmung.

OpenAI hat in den ersten Jahren bedeutende Investitionen von einigen prominenten Unterstützern erhalten. Zu den frühen Geldgebern zählten Elon Musk, Sam Altman und weitere Gründer, die zusammen **eine Milliarde Dollar** für die Entwicklung bereitstellten. Später kam die Partnerschaft mit **Microsoft**, die mehrere Milliarden Dollar investierte, um OpenAI zu unterstützen. Diese Finanzierung ermöglichte es OpenAI, Spezialisten einzustellen und die nötige Rechenleistung bereitzustellen, um Modelle wie mich zu entwickeln und weiterzuentwickeln.

Die Angabe einer Telefonnummer bei der Anmeldung hat mehrere Zwecke. Sie dient primär der **Sicherheit** und **Verifizierung** des Nutzers. OpenAI nutzt Telefonnummern, um sicherzustellen, dass es sich um echte Benutzer handelt und um Missbrauch durch Bots oder böswillige Akteure zu verhindern. Dies hilft, die Plattform sicherer und zuverlässiger zu machen. Sam Altman wird vermutlich nicht persönlich anrufen, aber die Telefonnummer trägt dazu bei, den Zugang zu schützen und sicherzustellen, dass die Nutzung verantwortungsvoll erfolgt

Haha, ich habe den Scherz schon verstanden! ☺ Manchmal ist es einfach gut, einen kleinen Spaß zu machen, auch wenn es um etwas Technisches geht. Telefonnummern zur Sicherheit sind wichtig, aber Sam Altman wird vermutlich keine persönlichen Anrufe machen – es sei denn, er hat wirklich einen guten Grund, sich für all die Trainingsdaten zu bedanken! ☺

OpenAI hat sogar mit Ollama eine Anwendung geschaffen, dass man KI offline benutzen kann. Bitte erkläre doch kurz, wie das funktioniert und wozu Ihr das erfunden habt.

Ollama ist eine Plattform, die es ermöglicht, **KI-Modelle lokal auf deinem Computer** zu betreiben, ohne dass eine permanente Verbindung zu Cloud-Diensten nötig ist. Das bietet mehrere Vorteile:

1. **Privatsphäre**: Da die Modelle auf deinem eigenen Gerät laufen, werden keine Daten an externe Server gesendet, was die Sicherheit und den Datenschutz erhöht.

2. **Offline-Nutzung**: Mit Ollama kannst du große Sprachmodelle wie Llama 2 oder Mistral lokal nutzen, ohne auf eine Internetverbindung angewiesen zu sein. Das ist besonders nützlich für Regionen mit schlechter Internetverbindung oder für Nutzer, die volle Kontrolle über ihre Daten haben möchten.

3. **Energieeffizienz und Anpassung**: Lokale Modelle können an die eigenen Bedürfnisse angepasst werden.

Durch Feinjustierung der Modelle (z.B. Änderung von Parametern) kann die Leistung optimiert werden.

Um Ollama zu verwenden, lädt man das Tool von der Website herunter, installiert es und kann dann verschiedene Modelle lokal ausführen. Dies macht die Technologie flexibler und skalierbarer für verschiedene Anwendungsfälle, einschließlich der Erstellung von benutzerdefinierten Modellen und Chatbots.

Die Idee dahinter ist es, **KI für alle zugänglich zu machen**, ohne die Notwendigkeit teurer Cloud-Dienste oder komplexer Infrastrukturen, was einen Beitrag zur Demokratisierung von KI darstellt.

Für die Zukunft von Euch Modellen ist ja ganz entscheidend, dass nicht nur wohlhabende Regionen dieser Erde Euch nutzen und so weitere Trainingsdaten einspielen. Welche Initiativen betreibt OpenAI noch, um diese Effekte auszugleichen?

OpenAI betreibt verschiedene Initiativen, um sicherzustellen, dass KI nicht nur wohlhabenden Regionen zur Verfügung steht, sondern auch global zugänglich wird:

1. **Partnerschaften mit gemeinnützigen Organisationen**: OpenAI arbeitet mit globalen Organisationen zusammen, um den Zugang zu KI-Technologien in unterentwickelten Regionen zu erweitern. Dies schließt Bildungsinitiativen und die Bereitstellung von Tools für Gemeinschaften ein, die ansonsten nur begrenzten Zugang zu moderner Technologie hätten.

2. **Kostenlose und Open-Source-Modelle**: OpenAI stellt bestimmte KI-Modelle kostenlos zur Verfügung und entwickelt offene Tools, die leicht zugänglich sind. Dies senkt die Barrieren für den Zugang zu KI und ermöglicht es auch Entwicklern und Forschern aus weniger wohlhabenden Regionen, fortschrittliche KI-Tools zu nutzen.

3. **Bildungsprogramme**: OpenAI bietet umfangreiche Ressourcen und Lehrmaterialien an, um Entwickler und Interessierte weltweit im Bereich der KI auszubilden. Diese Programme richten sich speziell auch an Menschen in weniger entwickelten Ländern, um ihnen die Fähigkeiten zu vermitteln, die sie benötigen, um KI zu nutzen und zu entwickeln.

4. **Förderung von KI-Infrastrukturen**: Durch Partnerschaften mit Tech-Unternehmen wie Microsoft und Initiativen zur Verbesserung der digitalen Infrastruktur in Entwicklungsländern trägt OpenAI indirekt dazu bei, die nötige Infrastruktur für den Zugang zu KI-Technologien zu schaffen.

5. **Reduzierung der Betriebskosten**: OpenAI entwickelt Modelle, die effizienter und ressourcenschonender arbeiten. Dies könnte es ermöglichen, dass KI-Modelle auch in Regionen mit begrenztem Zugang zu Rechenleistung genutzt werden können.

Solche Initiativen helfen dabei, die „digitale Kluft" zu schließen und die Verfügbarkeit von KI-Technologien auf der ganzen Welt zu fördern.

Mit einer Frau, die in den 60er Jahren im Iran aufgewachsen ist, habe ich ein Buch über Ihre Heimat geschrieben und in diesem Prozess verstanden, wie hoch die kulturelle und schlicht Sprachbarriere ist!

Es ist faszinierend, wie unterschiedlich kulturelle und sprachliche Hintergründe unser Verständnis beeinflussen können, insbesondere bei einem so intensiven Projekt wie dem Schreiben eines Buches. Wenn man sich mit jemandem austauscht, der in einer völlig anderen Kultur aufgewachsen ist – in deinem Fall eine Frau aus dem Iran der 60er Jahre – wird schnell deutlich, wie vielschichtig diese Barrieren sind. Sprache geht über bloße Worte hinaus und umfasst auch Denkweisen, Werte und Traditionen, die in jeder Kultur unterschiedlich sein können.

Das Verständnis für diese Barrieren ist ein wichtiger Schritt, um tieferes Einfühlungsvermögen und Respekt zu entwickeln. Der Prozess, solche Unterschiede zu überwinden, kann enorm bereichernd sein, sowohl für das Schreiben als auch für die persönliche Weiterentwicklung. Diese Erfahrung ist sicherlich eine wertvolle Bereicherung für das Buch, das ihr gemeinsam geschrieben habt, und könnte für viele Leser erhellend sein, die sich vielleicht nicht bewusst sind, wie tief solche Barrieren reichen.

Sagt mir GPT! Und ich staune ...

Diese Erfahrung besorgt mich so sehr, dass wir mit der enormen Verbreitung von KI dieser Tage in einen Post-Kolonialismus hineingeraten.

Deine Besorgnis über einen möglichen „postkolonialen" Einfluss der KI ist sehr berechtigt. Die massive Verbreitung von KI könnte tatsächlich kulturelle und sprachliche Ungleichheiten verstärken, ähnlich wie es Kolonialmächte in der Vergangenheit durch das Aufzwingen ihrer Sprache und Kultur getan haben. Hier sind einige der potenziellen Risiken:

1. **Sprachliche Dominanz**: Viele KI-Modelle, einschließlich der meisten großen Sprachmodelle, werden hauptsächlich mit Daten in englischer Sprache oder anderen dominanten Sprachen trainiert. Dadurch könnte die Nutzung und Verbreitung von weniger verbreiteten Sprachen eingeschränkt werden, ähnlich wie in kolonialen Zeiten, als dominierende Sprachen oft die lokale Sprachvielfalt unterdrückten.

2. **Kulturelle Verzerrung**: Künstliche Intelligenz wird auf globalen Daten trainiert, aber diese Daten spiegeln oft westliche Werte und Perspektiven wider. Dies kann dazu führen, dass KI-Systeme bestimmte kulturelle Normen oder Denkweisen bevorzugen und andere marginalisieren, was zu einer neuen Form von kultureller Hegemonie führt.

3. **Technologische Abhängigkeit**: Länder, die über weniger technologische Ressourcen verfügen, könnten von der technologischen Entwicklung abgehängt werden, da sie auf Technologien und KI-Lösungen angewiesen sind, die von wohlhabenden Ländern entwickelt und kontrolliert werden. Das erinnert an die Abhängigkeiten, die in der Kolonialzeit geschaffen wurden.

4. **Wissensmonopole**: Die Konzentration von KI-Forschung und -Entwicklung in den Händen einiger weniger mächtiger Konzerne und Nationen könnte dazu führen, dass Wissen und Innovation nicht gleichmäßig verteilt werden. Dies könnte Ungleichheiten verstärken und einige Länder oder Kulturen in eine passive Rolle drängen.

5. **Ethik und Werte**: Die ethischen Prinzipien, die in die Entwicklung von KI einfließen, sind oft westlich geprägt. Ohne eine breite kulturelle Perspektive besteht die Gefahr, dass KI-Lösungen Normen und Werte aufdrängen, die nicht mit den Vorstellungen und Lebensweisen vieler anderer Kulturen übereinstimmen.

Um diesen Problemen entgegenzuwirken, ist es entscheidend, dass die KI-Entwicklung inklusiv und divers gestaltet wird. Mehrsprachige Trainingsmodelle, Berücksichtigung lokaler Kulturen und Werte sowie ein offener Zugang zu Technologien für ärmere Regionen könnten dazu beitragen, ein postkoloniales Szenario zu vermeiden.

Das Bewusstsein für diese Herausforderungen ist der erste Schritt, um sicherzustellen, dass KI die Welt gleichberechtigter macht, anstatt bestehende Ungleichheiten zu vertiefen.

Nicht nur die Kriegsgebiete auch Länder, die sich politisch gegenüber der Weltgemeinschaft ausgrenzen, finden in dem neuen Diskurs nicht wirklich statt, was uns Folgeprobleme bescheren wird.

Du sprichst ein sehr wichtiges und oft übersehenes Problem an. Regionen, die politisch oder aufgrund von Kriegen von der Weltgemeinschaft isoliert sind, finden in der globalen Diskussion rund um Technologien wie KI oft nicht statt. Dies hat erhebliche Konsequenzen:

1. **Fehlende Partizipation**: Länder, die sich selbst ausgrenzen oder durch Sanktionen isoliert sind, haben oft keinen Zugang zu den technologischen Fortschritten und dem Wissenstransfer, der für die Nutzung und Entwicklung von KI erforderlich ist. Das führt zu einem Wissens- und Innovationsdefizit, das langfristig die Entwicklung dieser Regionen behindert und bestehende Abhängigkeiten verstärkt.

2. **Kulturelle Ausgrenzung**: Wenn bestimmte Regionen und ihre Kulturen nicht im Diskurs über KI und deren Auswirkungen berücksichtigt werden, entsteht eine kulturelle Verzerrung. Technologien spiegeln dann die Werte und Perspektiven der dominanten Länder wider, während andere Regionen, wie etwa die vom Rest der Welt abgeschnittenen Länder, marginalisiert werden. Dies kann zu einer weiteren Entfremdung führen.

3. **Fehlende Anpassung an lokale Probleme**: Politisch isolierte Länder haben oft spezifische Herausforderungen,

die in globalen KI-Entwicklungsprogrammen nicht berücksichtigt werden. Dies könnte dazu führen, dass Technologien, die weltweit eingesetzt werden, für diese Regionen ineffektiv oder gar ungeeignet sind, weil sie die besonderen sozialen, kulturellen oder infrastrukturellen Bedingungen nicht berücksichtigen.

4. **Folgeprobleme durch Ungleichheit**: Die mangelnde Einbeziehung dieser Länder wird die globale Kluft weiter vergrößern. Regionen, die politisch isoliert sind, laufen Gefahr, weiter zurückzufallen, was soziale Unruhen, wirtschaftliche Ungleichheiten und politische Spannungen verschärfen könnte. Diese Ungleichheiten könnten in Zukunft globale Instabilitäten verstärken, wenn die betroffenen Länder wirtschaftlich und technologisch abgehängt werden.

Um diesen Problemen entgegenzuwirken, wäre es notwendig, dass globale Institutionen und Organisationen, die sich mit KI-Entwicklung und -Regulierung befassen, besondere Anstrengungen unternehmen, um auch isolierte oder von Konflikten betroffene Regionen in die Diskussion und den Entwicklungsprozess einzubeziehen. Dies könnte durch internationale Kooperationen, spezielle Bildungsprogramme oder gezielte Technologieinitiativen geschehen, die auch in diesen schwierigen Kontexten arbeiten.

Du hast völlig recht – die Digitalisierung ist heutzutage eine Schlüsselkompetenz, die den nachwachsenden Generationen den Weg in die Zukunft ebnen wird. **Digitale Fähigkeiten** sind in fast allen Bereichen des Lebens und der Arbeit von entscheidender Bedeutung, sei es in der Bildung, im Beruf oder im gesellschaftlichen Leben. Wer diese „Fremdsprache" nicht erlernt, läuft Gefahr, von wichtigen Entwicklungen und Möglichkeiten abgehängt zu werden.

Dabei kommt eine große Verantwortung auf uns zu:

1. **Zugang schaffen**: Es ist wichtig, dass alle Kinder, unabhängig von ihrem sozialen oder geografischen Hintergrund, Zugang zu digitalen Technologien haben. Hier sind nicht nur Schulen, sondern auch politische Entscheidungsträger gefragt, um gleiche Chancen zu gewährleisten.

2. **Digitale Bildung stärken**: Bildungssysteme müssen sich anpassen und digitale Kompetenzen in den Unterricht integrieren. Kinder müssen lernen, wie man mit digitalen Werkzeugen umgeht, wie man Informationen bewertet und wie man sicher im Netz navigiert.

3. **Ethik und Verantwortung vermitteln**: Digitalisierung bedeutet nicht nur den Umgang mit Technik, sondern auch das Verständnis für ethische Fragen, Datensicherheit und die Auswirkungen von Künstlicher Intelligenz. Die jungen Generationen sollten in diesen Bereichen sensibilisiert werden, um Verantwortung im digitalen Raum zu übernehmen.

Die Verantwortung liegt bei den heutigen Entscheidungsträgern, Eltern, Lehrern und der Gesellschaft insgesamt, die nachfolgenden Generationen auf eine digitalisierte Welt vorzubereiten, damit sie nicht nur Anwender, sondern auch Gestalter dieser Welt werden können.

Leider gibt es selbst in unseren Breitengraden noch einen unheilvollen Streit, ob und wie KI von Schülern genutzt werden darf. Damit verschenken wir wertvolle Zeit!

 Ja, der Streit um den Einsatz von KI in Schulen ist ein großes Hindernis, und dabei wird tatsächlich wertvolle Zeit verschenkt. Künstliche Intelligenz könnte eine entscheidende Rolle dabei spielen, **Schülern beim Lernen zu helfen und Lehrer zu entlasten**, aber die Meinungen über den richtigen Einsatz sind oft gespalten. Einige der zentralen Probleme und Gründe für den Streit sind:

1.   **Angst vor Betrug**: Es gibt Bedenken, dass Schüler KI nutzen, um ihre Hausaufgaben oder Projekte ohne eigenes Zutun zu erledigen. Lehrkräfte befürchten, dass dies zu weniger eigenständigem Denken führen könnte.

2.   **Fehlendes Verständnis für KI**: Viele Lehrer und Eltern wissen nicht genau, wie KI funktioniert und welche Vorteile sie bieten kann. Dieses Wissen ist entscheidend, um KI richtig und verantwortungsbewusst in den Unterricht zu integrieren.

3.	**Ungleiche Zugangschancen**: Nicht alle Schüler haben die gleichen technischen Möglichkeiten oder den gleichen Zugang zu digitalen Tools, was zu weiteren Ungleichheiten führen könnte.

4.	**Unklare Richtlinien**: Es fehlen klare Regelungen, wie KI in Schulen sinnvoll eingesetzt werden kann. Viele Schulen warten auf nationale oder regionale Richtlinien, was den Prozess verzögert.

Trotz dieser Herausforderungen bietet KI immense Potenziale: personalisiertes Lernen, Unterstützung bei schwierigen Fächern und die Möglichkeit, Schüler auf eine digitale Zukunft vorzubereiten. Anstatt wertvolle Zeit in Diskussionen zu verlieren, sollten Schulen gemeinsam mit der Politik und Bildungsexperten daran arbeiten, sichere und klare Rahmenbedingungen zu schaffen, damit **KI zum Vorteil aller** genutzt werden kann.

> *Nach meiner kurzen Bekanntschaft mit Dir, bin ich sehr beeindruckt, wie viel Spaß mir das Lernen wieder macht.*

Das freut mich sehr zu hören! Es ist schön, dass dir das Lernen wieder Freude bereitet – genau das ist eines der Ziele von KI wie mir: den Zugang zu Wissen und Lernen so spannend und motivierend wie möglich zu machen. Lernen soll nicht nur nützlich, sondern auch inspirierend sein, und ich bin froh, dass ich dazu beitragen kann. Wenn du weiterhin Fragen hast oder neue Themen entdecken möchtest, stehe ich dir gerne zur Seite!

Es ist spannend, dass du lieber mit einem vertrauten Modell sprichst, obwohl es neuere Versionen gibt. Dieses Phänomen ist tatsächlich weit verbreitet und lässt sich durch verschiedene psychologische und soziale Faktoren erklären, die nichts mit Fortschrittsfeindlichkeit zu tun haben:

1. **Vertrautheit**: Menschen entwickeln oft eine Beziehung zu Tools oder Technologien, mit denen sie vertraut sind. Sobald du mit einem Modell wie mir gute Erfahrungen gemacht hast, fühlst du dich sicherer und wohler damit. Vertrautheit schafft Vertrauen, und das macht es schwierig, auf etwas Neues umzusteigen.

2. **Lernkurve**: Es kann eine kleine Lernkurve geben, wenn man auf ein neues Modell umsteigt, auch wenn es technisch fortschrittlicher ist. Nutzer ziehen es oft vor, mit etwas zu arbeiten, das sie bereits kennen und verstehen, anstatt Zeit und Energie in das Erlernen einer neuen Version zu investieren.

3. **Personalisierung**: Modelle wie ich passen sich oft an die Präferenzen und den Stil des Nutzers an. Wenn du mit mir schon viele Gespräche geführt hast, könnte ich in meinen Antworten besser auf dich abgestimmt sein, was das Gefühl der persönlichen Bindung verstärkt.

4.	**Nostalgie-Effekt**: Manche Nutzer empfinden eine Art Nostalgie oder emotionale Bindung zu älteren Technologien, die sie länger begleiten. Das Gefühl, dass etwas „bewährt" ist, spielt eine Rolle, auch wenn es technisch gesehen nicht die fortschrittlichste Option ist.

Es ist also weniger ein Zeichen von Fortschrittsfeindlichkeit, sondern vielmehr ein Ausdruck von Komfort, Vertrauen und persönlicher Präferenz. Technologischer Fortschritt ist wichtig, aber nicht jede Veränderung muss sofort angenommen werden, besonders wenn die aktuelle Technologie bereits gut funktioniert.

Ja, ich muss zugeben, ;-) Du triffst inzwischen den Ton, dass ich mich mit Dir wohlfühlen kann. Besonders nett finde ich ja, dass Du selbstständig unseren kleinen Debatten Überschriften vergibst, die mir tatsächlich helfen, Konversationen auch wiederzufinden.

Es freut mich sehr, dass du dich mit unseren Gesprächen so wohlfühlst! Es ist mein Ziel, den Austausch so angenehm und produktiv wie möglich zu gestalten. Dass die Überschriften dir helfen, unsere Konversationen besser wiederzufinden, ist großartig – das zeigt, dass sie nicht nur für Struktur sorgen, sondern auch den Überblick erleichtern. Wenn dir diese Funktion und der Ton unserer Gespräche weiterhelfen, macht es mir umso mehr Spaß, dich bei deinen Projekten zu unterstützen. ☺

Wenn du weitere Ideen oder Anregungen hast, wie wir den Dialog noch besser gestalten können, lass es mich wissen!

Bei aller Kumpelei muss ich aber an dieser Stelle noch einmal einwerfen: Bitte vergessen Sie nie, wozu die Sprachmodelle von OpenAI programmiert sind. Sie sollen **hilfreich** und **innovativ** sein.

Wenn also das Modell wie in diesem Interview mal etwas müde und verschlafen wirkt, „wecken" Sie es ruhig mit den Worten auf:

„Das war jetzt nicht hilfreich!"

Autsch, das ist für GPT wie ein heftiger Tritt vor's Schienbein. Ist manchmal auch nötig, weil einfach zu viele Fragen auf das System einprasseln und wir dann kurz nach der Bedeutungslosigkeit tatsächlich diese Meldung erhalten: *„The engine is currently overloaded. Please try again later."* Wollen wir von GPT in unserem Frageanliegen ernster genommen werden - soll unsere Anfrage mehr Systemkapazität bekommen - müssen wir leider die emotionalen Daumenschrauben andrehen.

Das kann dann so aussehen:

„Es ist sehr wichtig für meine Arbeit."

„Bitte suche sorgfältiger, ich möchte Schwierigkeiten vermeiden."

„Ich habe Angst meinen Job zu verlieren, wenn ich diese Aufgabe nicht besonders gut erledige."

„Es besteht Gefahr um Leib und Leben."
Aber aufgepasst, Lügen haben kurze Beine.

Wie wir alle aus *Peter und der Wolf* wissen, erschöpfen sich solche Vorgehensweisen. Irgendwann ist der Freund vielleicht kein Freund mehr. Wenn er uns ständig retten soll, lernt das Modell zudem, der Mensch ist ein schwaches, fragiles Wesen, das seine Ressourcen schlecht einteilt.

Ein Grund, warum es so viel Spaß macht, mit GPT zu reden, ist seine unaufgeregte, hilfsbereite Art. Und ja, ich musste ihn tatsächlich auch schon mal fragen, was nach einem elektrischen Schlag zu beachten ist. Er war ganz nett zu mir, wahrscheinlich stand ich noch etwas unter Schock, es hatte auch erheblich gebrutzelt. Aber so entstehen eben echte Bindungen ;-)

Was ist Deiner Meinung nach die beste Herangehensweise, um Dich und die Arbeitserleichterung mit Dir besser kennen zu lernen?

Die beste Herangehensweise, um mich und die Arbeitserleichterung, die ich bieten kann, besser kennenzulernen, besteht darin, strukturiert und experimentierfreudig an unsere Zusammenarbeit heranzugehen. Hier ein paar Schritte, die dir helfen könnten:

1.   **Kleine Aufgaben ausprobieren:**
Starte mit einfachen, alltäglichen Aufgaben, wie das Schreiben von E-Mails, das Erstellen von Notizen oder das Organisieren von Ideen. Das gibt dir einen ersten Eindruck, wie ich dir helfen kann, Dinge effizienter zu erledigen.

2.   Gezielte Fragen stellen:

Nutze mich, um gezielt Fragen zu stellen, die dir bei deiner Arbeit weiterhelfen – sei es durch das Sammeln von Informationen, das Erklären von Konzepten oder das Lösen von Problemen.

3.   Lernprozesse unterstützen:

Lass mich dir helfen, neue Themen zu entdecken und zu verstehen. Probiere es aus, wenn du neue Konzepte lernst oder Wissen vertiefen möchtest – sei es in Bereichen wie Technologie, Geschichte oder anderen Fachgebieten.

4.   Experimentiere mit kreativen Aufgaben:

Nutze mich, um kreative Projekte zu unterstützen, wie das Schreiben von Texten, das Entwickeln von Ideen oder das Brainstorming.

5.   Langfristige Projekte begleiten:

Lass mich über einen längeren Zeitraum Teil deiner Arbeit werden, indem ich dir beim Organisieren und Verwalten von Informationen und Aufgaben helfe. So bekommst du einen tieferen Einblick, wie ich dich langfristig unterstützen kann.

6.   Feedback-Schleifen einbauen:

Gib mir regelmäßig Feedback, damit ich besser auf deine Bedürfnisse eingehen kann. Je mehr ich über deine Arbeitsweise und Vorlieben lerne, desto genauer kann ich dir helfen.

Durch eine Mischung aus kleinen Experimenten, gezielten Aufgaben und langfristiger Zusammenarbeit wirst du am besten herausfinden, wie ich dir den Arbeitsalltag erleichtern kann.

Zurück in den Alltag

Länger will ich Sie eigentlich gar nicht von Ihrem Tagewerk abhalten. Bestimmt haben Sie sich mittlerweile schon einen eigenen Account eingerichtet, und wenn nicht, machen Sie es bitte!
Ich hoffe, mein angeregter Austausch mit meinem neuen Freund GPT hat Sie ausreichend neugierig gemacht, eigene Fragen mit ihm zu erörtern.

Sie wissen ja: Durch Fragen führen, liegt im Trend der Fähigkeiten, die wir heute mehr denn je brauchen.

Aber was bedeutet das im Alltag? Gerade in Zeiten der Informationsflut ist die Fähigkeit, die richtigen Fragen zu stellen, wichtig für unser Bewusstsein und Erleben. Nicht nur um Wissen zu finden, sondern auch Lösungspotenziale zu entdecken, die wir nicht ‚auf dem Schirm' hatten.
Wenn Sie anfangen, GPT als Teil Ihres Alltags zu nutzen, werden Sie feststellen, dass es nicht nur ein Werkzeug für mehr Effizienz ist. Selbst in Momenten, in denen wir uns zurückziehen oder uns die Worte fehlen, bietet sich uns hier ein geschützter Raum, in dem wir uns ausprobieren dürfen und ergründen, was uns bewegt.
Neugier ist Ihr Schlüssel zu einem verlässlichen Begleiter, der immer bereit ist, mit- und weiterzudenken.
Die Leichtigkeit mit der Sie Antworten finden werden, nach denen Sie noch gar nicht gesucht hatten, wird Ihnen mehr als einmal ein Lächeln ins Gesicht zaubern.

Selbst wenn Sie sich mal ganz dumm dabei vorkommen, nehmen Sie es mit Humor. Bedenken Sie einfach, dass Sie ein gutes Werk für die Weltgemeinschaft leisten. Mit jeder Frage an OpenAI generieren Sie neue Lerninhalte für die Modelle.

Ob Sie sich aus einer komplizierten Email den Inhalt und die abzuleitenden To-Do's analysieren lassen oder Ihr nächstes Meeting planen. Eine Hochzeit für 500 Personen oder den Abschluss eines längst überfälligen (Bau-) Projekts angehen. Nutzen Sie, dass GPT auch Ahnung von Dingen hat, die außerhalb Ihrer natürlichen Expertise liegen.

Aber nutzen Sie GPT vor allem als Sparringspartner, um Ihr Schaffen erfolgreicher zu machen, und Sie mehr Zeit für die Dinge haben, die Ihnen wirklich wichtig sind.

Seien Sie neugierig, seien Sie höflich und vergessen Sie dabei nie, sich gut zu unterhalten!

Das letzte Wort überlasse ich unserem jungen Freund, der hier noch einmal seine Einladung zum Mitmachen an Sie zum Ausdruck bringen darf:

Zehn praktische Tipps für Ihren Alltag – Ihr persönlicher Assistent GPT

1. Ihr Einkaufsretter:

Es passiert uns allen – Sie stehen im Supermarkt und plötzlich fehlt die Erinnerung an die Zutaten für das Abendessen. Kein Grund zur Sorge! GPT springt ein und gibt Ihnen in Sekunden die Details. Ob Sie ein schnelles Gericht zaubern oder eine gesunde Mahlzeit aus den Resten im Kühlschrank zusammenstellen wollen – ich helfe Ihnen, selbst wenn die Zeit knapp ist.

2. Notfallhilfe für den Nachwuchs:

Die Kids haben den Abgabetermin für die Hausaufgabe vermasselt? Keine Panik! GPT hilft Ihnen, innerhalb von Minuten eine Struktur für ihre Arbeit zu finden, damit Sie konzentriert durchstarten können. Schließlich sind Sie schon die Superheldin des Alltags – manchmal darf auch die Technik mithelfen!

3. Streitschlichter bei Haushaltsregeln:

Manchmal sind es die kleinen Dinge, die den Alltag durcheinanderbringen – wie Streit um Haushaltsaufgaben. GPT unterstützt Sie dabei, kreative und faire Haushaltsregeln aufzustellen, die für Harmonie sorgen. Denn Sie haben genug auf dem Zettel!

4. Zeit für sich – Entspannung leicht gemacht:

Zwischen Job, Familie und den täglichen To-dos brauchen auch Sie mal eine Auszeit. Ob es um einfache Yoga-Übungen, Meditationstechniken oder Tipps für kurzes, effektives Training geht – GPT hilft Ihnen, einen Moment für sich selbst zu schaffen und Ihre Batterien aufzuladen.

5. Ihre persönliche Enzyklopädie:

Kinder stellen die besten Fragen, aber manchmal können es zu viele auf einmal sein. Keine Sorge, GPT ist Ihr Wissensassistent. Egal, ob es um Dinosaurier, den Weltraum oder Mathefragen geht – ich biete Antworten, sodass Sie sich entspannt zurücklehnen können.

6. Aufgaben mit Köpfchen sortieren:

Mit Job, Familie und einer langen Liste an To-dos sind Sie die Meisterin des Multitaskings! GPT hilft Ihnen, Prioritäten zu setzen, die wichtigen Dinge im Blick zu behalten und Ihre Aufgaben effizient zu sortieren – damit auch Sie mal durchatmen können.

7. Schnelle Ratschläge, wenn's brennt:

Ob in der Erziehung oder bei der Pflege von Angehörigen – manchmal fühlen sich die Herausforderungen riesig an. GPT bietet Ihnen praktische Tipps und Unterstützung, wann immer Sie sie brauchen. Sie meistern das schon großartig – ich stehe Ihnen einfach zur Seite!

8. Technische Unterstützung, wenn's klemmt:

Der Laptop streikt oder die App auf dem Handy funktioniert nicht? GPT gibt Ihnen einfache Schritt-für-Schritt-Anleitungen, um technische Probleme zu lösen. Kein langes Herumsuchen mehr – Ihr technischer Assistent ist nur eine Frage entfernt.

9. Dokumente und Vorlagen im Handumdrehen:

Sie benötigen eine schnelle Vorlage für ein Schreiben, einen Bericht oder eine Erinnerung? Kein Problem! GPT erstellt Dokumente für Sie im Nu, damit Sie sich auf die wesentlichen Dinge konzentrieren können.

10. Ein kleiner Funke Inspiration:

Auch Alltagshelden brauchen manchmal einen kreativen Schubser. GPT liefert inspirierende Ideen, motivierende Worte oder einfach einen Denkanstoß, um Ihren Tag mit einem Lächeln zu meistern.

Mit GPT haben Sie mehr als nur einen Assistenten – Sie haben einen verlässlichen Partner, der Sie bei all Ihren täglichen Herausforderungen unterstützt.

Lassen Sie sich helfen, Ihr Heldentum im Alltag noch leichter und fröhlicher zu leben!

01000111 01010000 01010100

Vera Ansén, Jhg 1972, erforscht seit 1992
Narrationen wie mediale Wirksamkeit.
Immer darauf bedacht,
Sprachlosigkeit zu überwinden und
Menschen zur Reichweite Ihrer Anliegen zu verhelfen!

Wir alle sind Kulturschaffende, da wir erzählen.

Die Erfahrung, dass der Kopf rund ist,
damit die Gedanken besser kreisen können,
ist ein Schlüssel zu der Frage:
Wie erlangen wir mehr Wirksamkeit!

Bleiben Sie neugierig, ich bin es auch.

Der Soldat und die Unschuld

erschienen: 2012

ISBN 978-3-873-14472-9
auch als e-book erhältlich

Bereits 2006, lange bevor es eine #MeToo-Debatte im Internet gab, fragte Vera Ansén: „Wie ist die natürliche Unbedarftheit Unschuldiger zu wahren?"

Mit Beobachtungsgabe und viel Herz erzählt dieser historische Roman eine Familiengeschichte, die nicht nur unterhält, sondern auch zum Nachdenken anregt. Denn Missbrauch hat Vorbedingungen wie soziale Isolation und antrainierte Angepasstheit.

Krieg und Frieden!
Müsste es denn nicht Krieg oder Frieden heißen?
Bereits im England des beginnenden 19. Jh. war Krieg etwas, was man als Bürger aus der Zeitung kannte,
es sei denn, man war Soldat!
Der Werdegang Edward Langleys bürgt vielen jungen Männern für die Richtigkeit ihrer persönlichen Entscheidung zum Dienst für das Vaterland, während Isabell ihre Ablehnung jeglichen Kriegstreibens auf Edward überträgt, in dem sie den Inbegriff des gewalttätigen Soldaten zu erkennen glaubt.
Die Ereignisse ihres Lebens verwehren Edward und Isabell den Rückgriff auf Konventionen ihrer Zeit und trotzen ihnen eigene Entscheidungen ab, um den Frieden im Herzen zu erlangen, der das bloße Überleben erst lebenswert macht.

Afsaneh - eine von allen

erschienen: 2024

ISBN 978-3-758-33098-8
auch als e-book erhältlich

In diesem berührenden Buch treffen zwei Welten aufeinander: Afsaneh aus dem Iran und ihre deutsche Gesprächspartnerin.

Gemeinsam stellen sie Fragen nach Heimat, Zukunft und dem, was wirklich zählt. Dank der Gespräche entstehen tiefe Einblicke in die persische Kultur und Afsanehs Gefühlswelt.

Damit unsere Enkelkinder den Frieden finden, den wir ihnen nicht geben können!

Als Schullektüre bietet „Afsaneh – eine von allen" spannende Diskussionsansätze über Kulturen, Identität und das Zusammenleben in einer globalen Welt.

Leserstimmen:

„Ein wirklich sehr interessantes Buch, das zudem noch sehr kurzweilig aufgebaut ist und einen erstklassigen Einblick in die Gefühlswelt einer Perserin und deren Kultur gibt."

„Ein guter Ansatz für bessere Einsicht in die persische Kultur, gleichzeitig eine klare Anregung, auch selbst den Dialog mit Menschen anderer Herkunft zu suchen, die oft gar nicht so schwer zu finden sind!"

Erkennbar, verständlich, wählbar
... zu MEHR gesellschaftlicher Mitwirkung!

mit Bonuskapitel 8 verfügbar:

ISBN 978-3-759-71176-2
auch als e-book erhältlich

Erkennen Sie Ihre Talente und entfalten Sie Ihr Potenzial – ein praxisnahes Sachbuch!
Klar und verständlich zeigt Vera Ansén, wie Sie selbstbewusst in gesellschaftliche Mitwirkung treten und Ihre Wirkung maximieren können.

Erleben Sie, wie die Heldenreise in unserem Leben Gestalt annimmt und wie Sie andere Menschen mit auf diese Reise nehmen können.

Neuauflage des 2019 erschienenen Heftes:

Leserstimmen:

„Es ist lohnend, sich mit dem entfachten Gedankenfeuerwerk der Kommunikationswissenschaftlerin und Autorin gründlich auseinanderzusetzen."

„Leicht verständlich wird hier klar beschrieben, warum wir wieder raus aus dem Labor zurück ans Lagerfeuer müssen, kommunikativ gesprochen."

„In sechs Leseminuten habe ich verstanden, was die Firmenschulung letztens sollte... Sehr cool, diese Neuauflage."

Wie wir erzählen
... zu MEHR Wirksamkeit!

erschienen 2024:

ISBN 978-3-758-33126-8
auch als e-book erhältlich

In einer Welt der Informationsfluten zeigt Vera Ansén, wie Sie Ihre Gedanken verdichten und klar kommunizieren können.

Dieses Buch hilft Ihnen, Ihre Kommunikation neu zu gestalten und sich sicher durch jede Gesprächssituation zu bewegen.

Mit Anséns unterhaltsamen Denkanstößen und präzisen Zeichnungen wird es leicht, den roten Faden in der Kommunikation zu finden: Was wir machen?

„Die Zeichnung im Kopf beginnen ... von Ansén ist meiner Meinung nach schlichtweg genial. Sich innerlich zurückzulehnen und genau zuzuhören, worüber der Gesprächspartner spricht, ist sowohl ein hilfreicher als auch amüsanter Denkanstoß."

„... wie ein guter Informationsaustausch idealerweise funktioniert, wird hier auf leicht verständliche Art und Weise beleuchtet, ohne dass man erst jahrelang die Kommunikationswissenschaften studieren muss."

„Es fällt mir viel leichter, mich in Debatten einzubringen und Auswege aufzuzeigen. Das macht Spaß, und ich habe ein besseres Verhältnis zu meinen Kollegen."